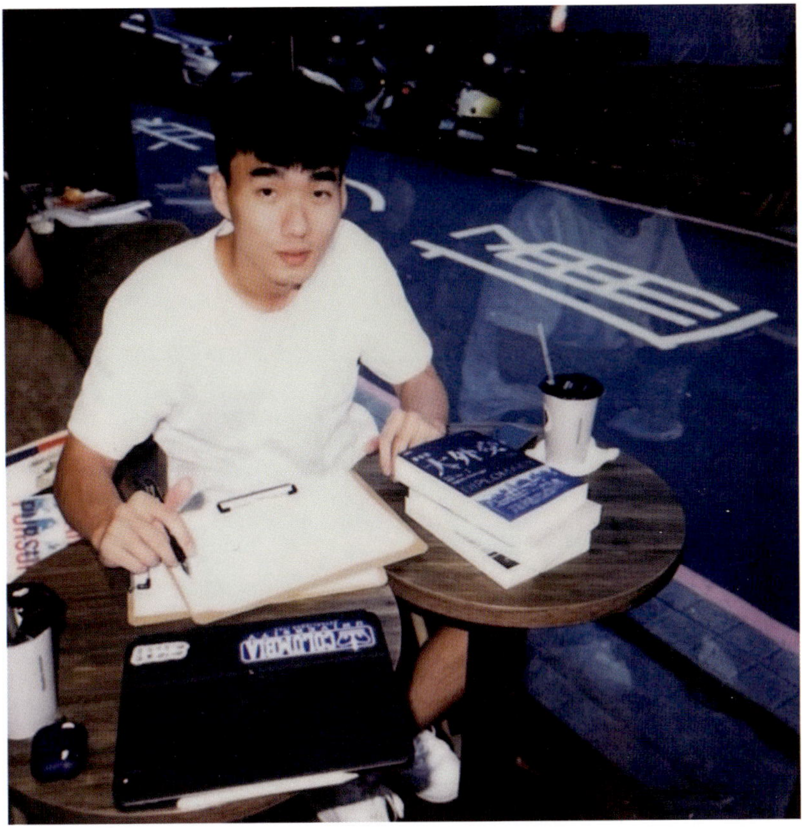

這張照片拍攝於文藻外語大學，由一位美籍交換生所攝。記錄了我們討論政治與經濟議題的那一刻，那時的氛圍格外嚴肅，言辭鋒利，每個人都在為自己的觀點爭取空間。

這張照片拍攝於利沃夫的訓練營，那時是我人生第一次拿到RPG火箭彈。內心湧現出一股無法抑制的興奮，這不僅是我軍事訓練的一部分，更是對未知世界的挑戰與期待。那一刻，握住火箭彈的手似乎在感受力量的重量，心中充滿了對未來戰鬥的無限憧憬與緊張。

在訓練營難得的休閒時光裡，這張照片捕捉了我們片刻的放鬆。照片最右側坐在地上的那位，是來自德國的志願兵多格，他後來在某次突擊任務中不幸被迫擊砲擊中身亡。

這兩張照片記錄了我在國際兵團受訓時，結交的第一位好友，來自挪威的拉格納。他是我在這片陌生土地上的第一個朋友，我們一起度過了許多艱難的訓練時光。後來，他加入烏克蘭海軍陸戰隊，並在頓內茨克的戰鬥中不幸陣亡，年僅二十一歲。那一刻，我失去了一位真正的戰友，而他的笑容，永遠留在我的記憶中。

烏克蘭冬季非常寒冷，即使穿著厚重的外套，依然感受不到絲毫的溫暖。為了躲避自殺無人機的襲擊，我們只能在烏克蘭士兵的陪伴下，深藏於森林中，靠著篝火取暖。火光映照在每一張臉上，短暫的溫暖，彷彿是這場無盡寒冷中的一絲希望。

這張照片拍攝於斯拉夫揚斯克。身為一名大學生，我和戰友們站在一起時，顯得格格不入。與他們相比，我的過去、我的身分，似乎與這片土地上的現實相距甚遠。儘管如此，那一刻，我們卻都在這場戰爭中找到了共同的目標，無論來自何方，身分如何，終究是並肩作戰的兄弟。

這張照片拍攝於斯拉夫揚斯克，當時我們剛結束訓練，準備返回基地。

這張照片是我2023年11月第一次在前線拍攝的，地點位於巴赫姆特外圍的一個村莊。

這張圖片拍攝於巴赫姆特，當時我們正準備任務待命，填裝好彈匣。那一刻，心中充滿極大的恐懼，彷彿每一顆子彈都承載著生死的重量。

這張照片拍攝於2023年11月3日，當時我們在凌晨遭受自殺無人機襲擊，隔日拍下的樣子。照片中的背景是烏克蘭軍方的辦公室。

這張照片拍攝的是自殺無人機直接炸入我們帳篷的瞬間。幸運的是，當時帳篷裡沒有任何人睡覺，否則後果不堪設想。

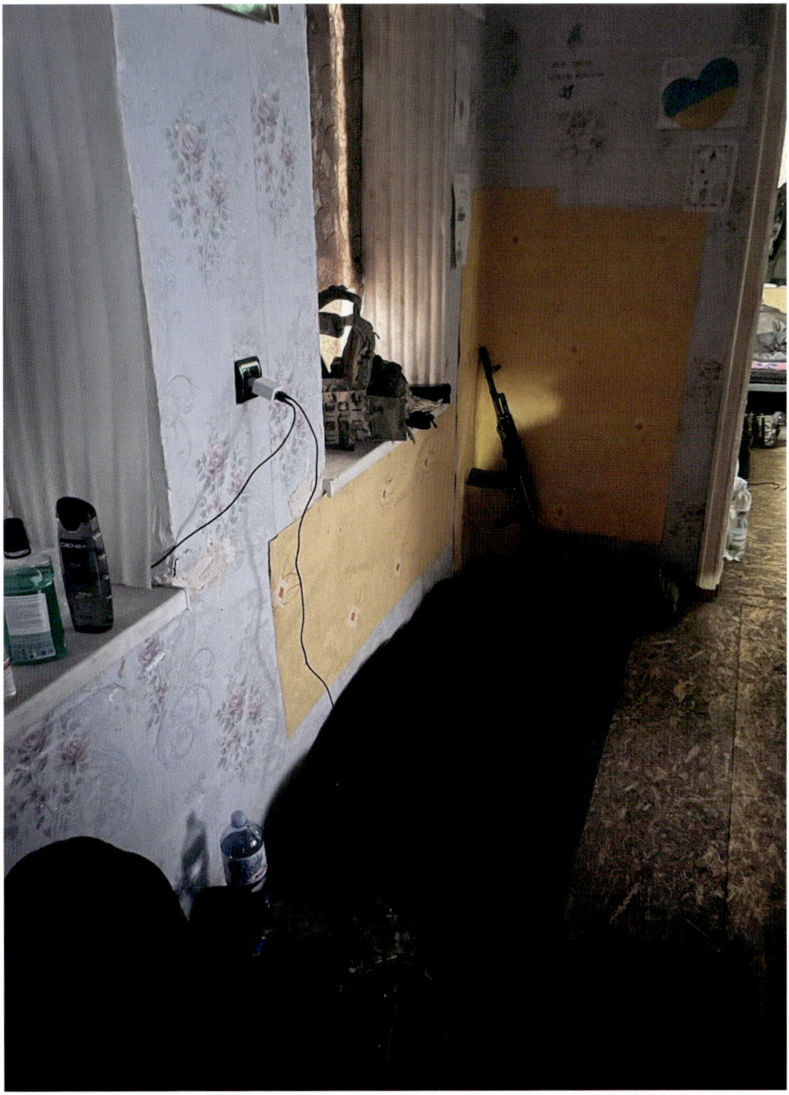

這張照片拍攝於巴赫姆特外圍一座村莊中的安全屋。環境異常髒亂與簡陋，牆上的裂縫、地上的塵土與雜物，都讓人難以相信這裡曾是我們短暫的避風港。在這樣的空間裡，我們不談舒適，只求活著。這就是前線的現實，一切華麗與秩序，都被戰火吞噬得乾乾淨淨。

這張照片拍攝於高雄市三民區的一間星巴克，那時我才認識阿達（吳忠達）不久。沒想到短短一週後，我們就背起行囊，一同踏上前往烏克蘭的旅程。

這張照片攝於2024年7月，在我們準備離開台灣前，由媒體在桃園機場拍下。當時誰也沒想到，最終，只有我一個人回來了。

這是我的老舊AK-74步槍，雖然年紀已經很大了，卻依然屹立於戰場上，成為經典中的經典。AK-74的外型可能已經略顯褪色，但其威力和可靠性，卻讓它在任何環境中都無可取代。這把槍，無論在何時何地，都擁有一種無法言喻的存在感，它不僅是武器，更是無數歷史瞬間的見證。

我第二度加入國際兵團後，第二營改編為突擊隊，我們那把老舊的AK-74步槍迅速被淘汰，取而代之的是嶄新的CZ Bren 2 5.56突擊步槍。這把步槍的輕便與高效，使我們的火力更為靈活，讓我們在面對瞬息萬變的戰場時，能夠隨時調整、隨時出擊。它不僅是一把武器，更代表著我們戰術的升級與未來的戰鬥力。

這是我執行任務時所配戴的腰帶，經歷無數次戰鬥後，成為我生死相依的裝備。腰帶上有一個一公升的水壺，保證在極度艱難的環境中仍能維持基本的水分補給；彈匣回收袋則用來裝雜物，簡單而實用；還有一個醫療包，隨時準備應對突發的傷情；最重要的是，掛載四顆手榴彈的彈袋，彷彿時刻提醒我，戰鬥從未結束。

身為一名機槍兵，我所攜帶的彈藥量既龐大又沉重。每顆子彈都承載著無數的可能，而這沉重的負擔，隨著每一次步伐都深深壓在肩膀上。這不僅是物理上的重量，更是責任的象徵。在戰場上，機槍的火力往往決定了我們的生死。

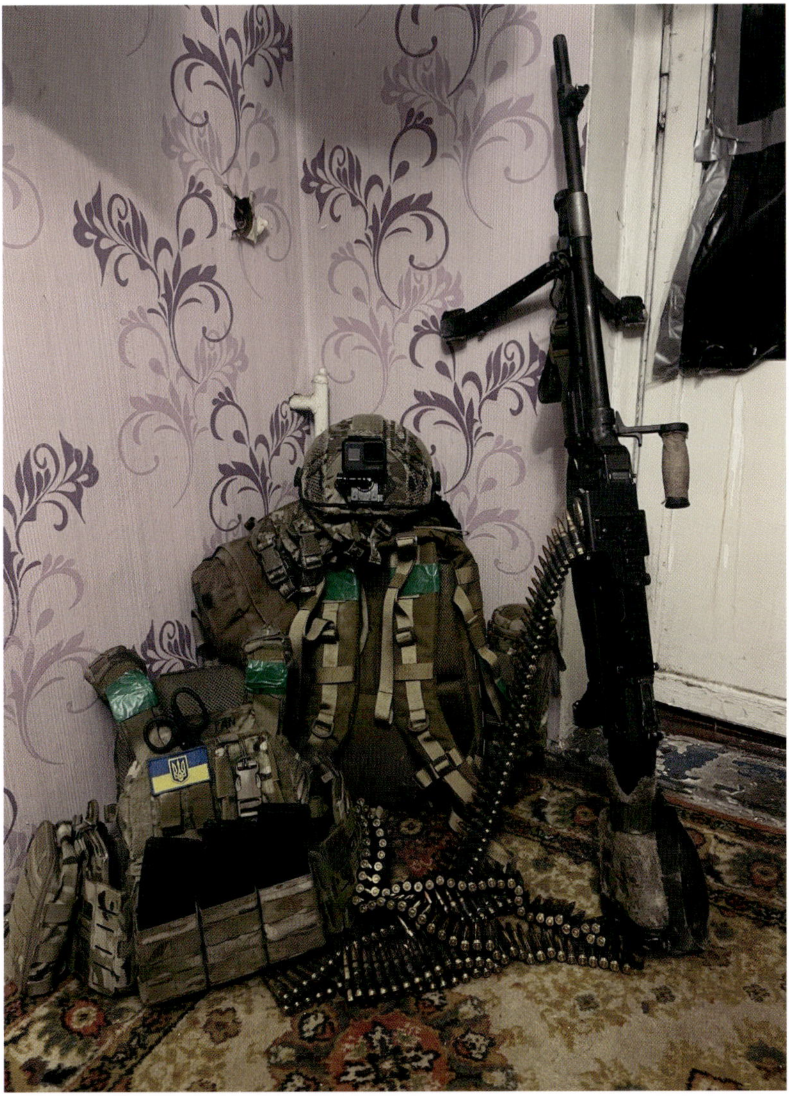

這是我在執行任務時所攜帶的裝備。首先是一件自購的K zero防彈背心，配有兩片四級抗彈板，能在關鍵時刻保護我的生命；頭盔則是我的必備防護，並且附上GoPro，記錄下每一刻的生死抉擇。背包裡裝著七百發機槍彈和必要的食物，總重量達到四十五公斤。至於我手中的機槍，那是一把2023年比利時製造的FN MAG，加上彈藥，總重超過十三公斤。

2024年10月，我們在國際兵團第二營的訓練場，進行突擊訓練，中間那位是吳忠達。

2024年10月，我們駐紮在德魯日科夫卡，第二營照常展開日常訓練。身為機槍手的我伏在塵土中，槍口緊貼地面，為正穿越隔壁建築、執行家屋搜索的隊友提供火力掩護。

潘文揚在德魯日科夫卡，2024年10月。

這張照片拍攝於察夫蘇雅不遠處的一棟安全屋內。戰士們在這裡休整、開會、進食。

這是我手中的武器，比利時製的FN MAG機槍，一把可靠且沉重的鋼鐵野獸，陪我走過無數前線時刻。

這張照片是我與我們連上的波蘭籍醫療兵的合影。他曾是一名舉重運動員，體格強健、心志堅定。戰爭爆發後，他毫不猶豫地放下槓鈴，投身國際兵團，成為戰場上救死扶傷的力量。

這張照片，是我與隊長卡達費在前線留下的合影。身處硝煙之中，這樣的片刻顯得格外珍貴。

這張照片，是我心中最能代表「勇氣」的畫面。每天我都會看著它，提醒自己：在戰場上，唯有堅定的意志，才能讓我們繼續走下去。

這張照片由第二營的攝影師記錄，當時長官正在宣布即將前往前線的任務安排。那一刻，空氣中彷彿凝固了，所有人都默默準備，心中各自有著不同的思緒與期待。

這張照片是我與哥倫比亞戰友在前線打靶時拍攝的。那時我們並肩作戰，彼此的默契與信任在每一次的射擊中慢慢累積。後來，他離開了烏克蘭，回到了他熟悉的家鄉，帶著不同的回憶與故事。

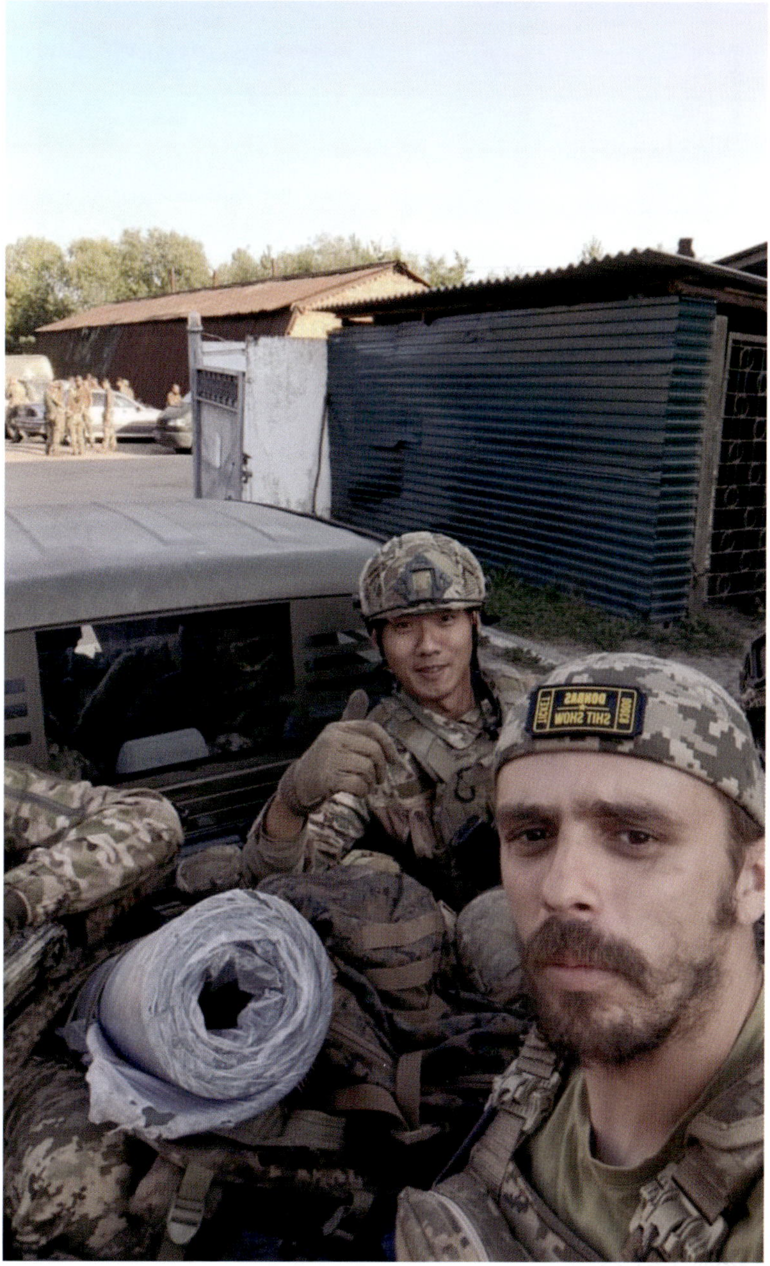

這張照片是我與在第二營隔壁床的好友，羅馬尼亞志願兵黑魚（Black Fish）一同拍攝的。當時，我們正準備前往前線，心中既有不安也有期待。後來，他轉調至烏克蘭第三獨立突擊旅，繼續投身於更加艱難的戰鬥。

我的戰友吳忠達，三個孩子的父親，對我的機槍格外感興趣。他總是笑著説，這把武器讓他感受到一種力量與責任，而我們之間的默契也在這些共同的時刻中悄然建立。

這張照片拍攝於2024年斯拉夫揚斯克，當時由戰友所攝。隔日，俄軍對他們小隊發起夜間攻擊，吳忠達在發現敵軍手錶亮光後立刻開火，成功擊斃兩名敵軍，化險為夷。

吳忠達陣亡後，我們將他的照片與已陣亡的中國籍士兵阿亮及曾勝光的照片一同擺放。這樣的安排象徵著三位為了民主與自由而獻出生命的戰士，他們的英勇與犧牲，永遠銘刻在我們心中。

這張照片，是吳忠達在執行察夫蘇雅任務前交給戰友的。他平靜地說，如果自己不幸陣亡，就請用這張照片當作遺照。那一刻，他的語氣堅定而坦然，像是早已將生死看淡，也讓這張影像成為我們對他的最後記憶。

撤離察夫蘇雅的前一天早上，隊長提議我們拍一張照片留作紀念。他說：「趁我們現在還活著。」那一刻，我們誰也沒說話，只是默默站好，讓快門替我們記下那短暫卻真實的存在——或許，也是某些人最後的身影。

這張照片象徵著我們小隊中各自的職責與定位。我是機槍兵，負責火力壓制，而站在最右側的是我們的精確射手，冷靜、沉穩，總是在關鍵時刻發揮致命一擊。每個人都有自己的任務，而正是這樣的分工，讓我們在混亂的戰場上彼此依靠，撐過一場又一場戰鬥。

這張照片是我們第二營的大合照。如今照片中的許多戰友已經戰死，留下的只剩影像與記憶。對我而言，這張照片承載著深厚的意義，它象徵著在那片天空下、那片土地上，我們曾肩並肩戰鬥，共同書寫一段不容遺忘的歷史。

生死之旅

台灣志願兵潘文揚親歷的俄烏戰爭

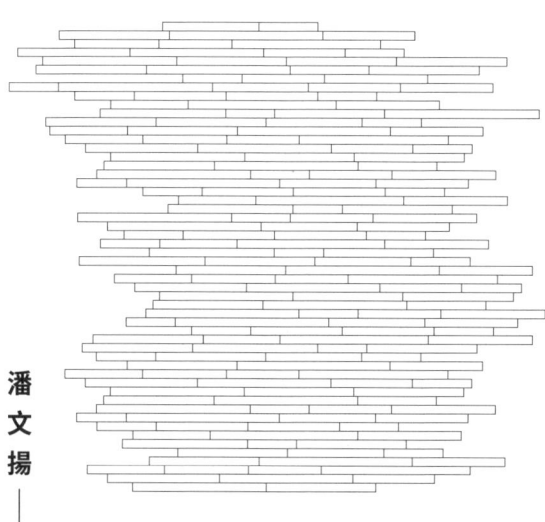

潘文揚——著

Pan Wen-Yang

目次

序

我只相信戰爭中的一切

我和我的同學坐在課堂上，聽著教授演講，現在的議題環繞在俄烏戰場。對我們而言，那是遙遠的地方，但我的思緒早已飄出了課堂。

我仔細環顧四周，學生的坐姿千奇百怪，像是某種無趣的反抗。對同學而言，我相信他們內心早已放棄了掙扎，就像前線士兵遇到砲擊時被迫臥倒、趴下，並期待下課鐘聲的解放。

對於一名患有注意力不足過動症的大學生來說，為了繼續專心聽課，我從背包拿出了兩顆身心科開立的藥物「利他能」，藉此方法找回思緒，並重返那枯燥乏味又博大精深的政治學理論。

課堂猶如前線一般死寂，教室外面的鳥叫與施工的吵雜聲快掩蓋說教者的音量。教授的積極換來了學生消極的回應，一來一往，就像是一齣聰明人的獨角戲。

當我注視著政治學書本那少許讓人願意關注的圖片，雖然畫質不高，也不夠清晰，但它的象徵性和意義遠大於文字那空洞的敘述。最重要的是，圖片至少還能看出情感，而說教者的斤兩能否與之聯繫又是另一回事。

那一天，教授的聲音依然在耳邊迴響，同學正為進行分組報告而煩惱。可是我的世界卻早已天翻地覆——那時的我身處察蘇夫雅的森林裡，緊握著機關槍，對著左側樹林瘋狂射擊。殺死俄軍是唯一的選擇，只有殺了他們，我才能活下來。

就在這時，俄軍呼叫了火砲支援。數十發砲彈鋪天蓋地而來，炸得樹木飛散，地面顫抖。我親眼看著阿達的腰部被砲彈撕裂，像一幅慘烈的畫。我想叫喊，卻連聲音都卡在喉嚨裡，那一瞬間，我的世界彷彿凝結了，只剩下恐懼與無助。我臥倒在地，抓著濕滑的泥土，心中滿是無助與絕望。

在狹小的戰壕裡，我渾身顫抖，想辦法壓抑恐懼。我看著身旁受傷的隊友，強迫自己保持冷靜，告訴他們：「我們一定能活下來。」此時的我，內心默默祈禱，這場噩夢能夠趕快結束。

對於一個大三學生的我，學校應該是帶領我邁入未來的地方，這裡充滿了對希望與未來的幻想。沒錯的話，修完學分、寫完論文、畢業，進入社會找工作，人生就應該是這樣。然而，我要如何解釋眼前這荒謬的一切？

同樣的時間，不同的決定，學校開學了，而我早已休學踏入戰場。進教室的學生思緒依然飄盪，而我趴在寒冷的森林裡，專注看著機槍瞄準鏡裡的一切。課堂的學生看著螢幕並點擊滑鼠，而我的螢幕就是瞄準鏡的一切，只要任何一個生命敢膽出現，我就會毫不猶豫扣動扳機殺了他。

從前，在咖啡廳和大學的課堂上我時常談論哲學思想、政治理論，我那自信又不間斷的陳述，從未因為寒冷和驚恐而結巴。如今，砲彈、自殺無人機、死人和鮮血徹底摧毀了我的意志。事實是，偉大的精神和思想，遠不如我手中的槍重要。

從前，寫過再多的文章、完成再多的報告、就算考了一百分或拿了獎學金，但這些東西在這裡毫無意義。安逸的價值在死亡前根本不值一提。當他們正在講課、寫文章的同時，我卻臥倒與死人對視。

我渴望冒險、熱愛生活，但自從來到這個國家和戰場，不知不覺中，我切斷了過去的生活。有時，我試著透過理論看清全局，並找一個合理的解釋，但在前線，沒有任何答案。

我知道，我的戰友都死了，我還活著。但我害怕死亡，我只希望我可以活下來。

就在半小時前，天剛微亮，陽光穿透茂密的森林，照映在我的臉上。今日的早晨格外寧靜，我看到幾隻大鳥飛上樹梢，展開翅膀。那熟悉的鳥鳴聲，讓我恍惚間以為我們是來這片森林旅遊。

突如其來的美感顯得不真實。就在昨天的同一時間，這裡還下著大雨。我們趴在滿地積水且覆滿落葉的森林裡，注視著右側那片小樹林。俄軍的機槍手連續射擊了兩個小時，而烏克蘭士兵用AK-74步槍和數發火箭彈回應。你來我往，戰鬥愈發激烈。

步槍有節奏的射擊聲，宛如主旋律；機槍「噠噠噠」的金屬撞擊聲與砲彈的呼嘯聲交織在一起，宛如一場工業交響樂。榴彈砲巨大的震波，彷彿要掀開土壤，將人埋入其中，滋潤這片大地。

這該死的森林毫無掩蔽。我們與俄軍的距離僅有二百公尺，一旦被發現，等待我們的便是被打成肉醬的命運。除了趴著不動，我們別無選擇，生死全交由命運安排。

隊長透過對講機呼叫我。他們剛制定了一個完美的計畫：狙擊手負責警戒右側樹林，我持機槍掩護左翼，醫療兵待命，兩名隊員持AT4火箭彈摧毀敵軍火力點。只要能幹掉那該死的俄軍機槍手，最後便能衝入敵軍戰壕。如果計畫順利，只需幾秒鐘便可化理論為現實，迅速結束戰鬥。

天空中有幾架自殺無人機在遊蕩，但它們的目標是空曠道路上的大型目標，比如坦克和車輛。埋藏在樹林中的我們，不易被無人機發現。我們小心翼翼地攜帶著收割人命的工具，逐步接近俄軍戰壕。

然而，當我們距俄軍戰壕百公尺時，俄軍展開猛烈反擊，遠超預期。我下意識感到不妙，但卻說不出來那種不安的感受。不到兩秒，一發迫擊砲彈炸在我身旁。接二連三的砲彈如雨點般落下，從殺人到被殺，就這麼一瞬間。

那低沉的轟隆聲，是老兵共有的記憶。但今天的砲彈聲不同，它那尖銳加速聲與爆炸聲僅隔不到一秒，有時甚至混雜下一發砲彈的呼嘯聲。在這場砲擊中，是否能活下來，全憑運氣。

過去安逸的生活中，從未有什麼能如此直接威脅我的生命。雖然我在台灣的海軍陸戰隊服役了三年八個月，但對於一個沒有經歷過戰爭的國家而言，軍中所學的一切都只是停留在想像。

台灣大多數男人都當過兵，不論是志願役還是義務役。拿起武器時，感覺似乎沒什麼不同，但在烏東前線，握著武器的雙手卻帶給我截然不同的感受。在台灣，槍是用來訓練和保養的；而在烏東戰場上，槍是用來殺人的。在台灣，我們射擊的目標是靜止的靶子，就算打爛了它也不會哀號；但在這裡，只要一發子彈擊中四肢，換來的就是撕心裂肺的慘叫。

戰場上的哀號聲，遠比整齊劃一的軍歌來得刺耳。那單調的旋律與過時又生硬的歌詞，唱起來令人發笑。大多數軍人真的願意唱軍歌嗎？那低沉、敷衍的旋律更像是一種無奈的反抗。如果不強迫軍人唱，我猜軍歌早已被人遺忘了吧。

真實的戰場不需要軍歌，也不需要整齊的隊列。身為士兵，戰場不在乎你的知識或獨特見解。戰場需要的是冷酷、堅強、猜疑、缺乏同理心，以及兇殘的復仇心理——這些才是存活下來的必要條件。

在成為烏克蘭國際兵團的一員之前，我只是一名從軍隊退伍後回到大學就讀的普通學生，僅此而已。

軍隊教會了我什麼？紀律、服從，還有強健的體魄與不怕苦的意志。但這些特質在大學裡幾乎毫無用武之地，因此它們被埋藏在心裡，成為我人格的一部分。

大學又教會了我什麼？讓我深刻體會到閱讀的艱辛，特別是那些枯燥、需要絞盡腦汁的學科。它們的複雜性常常讓人失去興趣。

在台灣退伍後，我攻讀政治與國際關係，透過教科書和螢幕觀察世界，並用理論解釋和預測它。然而，對多數人而言，戰爭中的前線永遠只是討論的題材，難以真正親歷。

休學參與戰爭對我的影響，不僅改變了我的價值觀，更徹底摧毀了它。它們讓我寫下在戰爭中經歷的一切，但我糾結於究竟應該寫下哪些？

在士兵的世界裡，戰爭的驚恐與悲痛，像傳染病般相互蔓延。再堅強的男子漢，一旦經歷過殺戮的洗禮，都無法避免流下眼淚。成年後的我不曾哭泣，儘管面對破碎的情感，也不至於崩潰成為嚎啕大哭的模樣。然而，一場戰鬥彷彿讓上帝收走了我所有的眼淚。除了我對殺人的愧疚、好友的陣亡，還有我面對戰場時那種無能為力的感受，這些如今成為我揮之不去的陰影。

這段經歷不僅改變了我的人生，也讓我重新審視自己與這個世界的關係。戰爭成為我求學階段的一個過程，猶如極度昂貴的奢侈品，僅屬於我。如果虛榮能帶給人心靈上的成就，那麼存活下來，對我來說，卻只能成為一輩子的傷痛。

我今年二十五歲，在加入烏克蘭國際兵團，成為一名俄烏戰場的志願兵之前，我熱愛閱讀，渴望知識，並對講台上那位唱獨角戲、沒人回應的說教者所說的一切深信不疑。

人們透過學習知識努力探索安逸的世界，穿梭於不同國家的校園，他們稱之為交流；這平淡的交流和穿梭，只屬於那些思想已受啟蒙者。其餘庸俗的大腦，只能進行旅遊。

我曾相信知識是時間的積累，浩瀚無垠的知識是世界與生命的動力。當我打算熱愛這個世界和生命時，卻被迫朝鮮活的生命開槍。那一發來襲的迫擊砲，炸掉的，是我情感上脆弱的心。我的思考、積極向上的動力猶如焦黑的樹幹，已經失去了生命。我不再信任說教者，只相信戰爭中的一切。

1.

奔赴烏克蘭

——一邊是天堂、一邊是地獄

那一天，我不是選擇報名；我是在回應命運的邀請。

你好，潘：

恭喜你！你已被選中參加國際兵團第四營的面試。如果你仍然有意加入，請透過 Signal 或 WhatsApp 與我們聯絡。在撥打電話之前，請先發送簡訊並自我介紹。

烏克蘭國際兵團第四營，二〇二三年七月十二日

就是這封如此簡單的郵件，在未來徹底顛覆了我的一生。

二〇二三年七月初的一個午後，像所有渴望逃離現實的青年一樣，無目的地滑著手機。手指在無數短影片與碎片化資訊之間遊蕩，直到畫面閃過一則新聞——幾名來自美國與立陶宛的國際志願兵，剛剛抵達基輔。

他們身披防彈背心，手握M４步槍，臉上寫滿了沉靜與決絕，那是一種經過戰火洗禮後留下的表情，像磨損的刀鋒卻依然閃光。他們站在藍黃交織的國旗下，右手高舉，敬禮如鐵。遠方的天空傳來防空警報的尖鳴，聲音在城市上空盤旋不去，彷彿不是警報，而是從戰場深處捲來的低吼——一聲聲擊打靈魂的戰鼓，提醒我：這個世界還在燃燒。

那一瞬間，我的世界凝結了。

那不是一則新聞，而是一封召喚書，一顆直插中樞神經的子彈，一道打破人生既

定航線的閃電。我像中了咒語一樣立刻打開筆電，搜尋「International Legion of the Defence Intelligence of Ukraine」（烏克蘭領土防衛國際兵團）。不到五分鐘，我就找到那個簡陋卻毫不掩飾的報名網站。當我按下「提交」那一刻，我知道，我不是在填寫一份申請，而是在簽下一紙赴死的契約——這是一張單程票，通往地獄的航班，沒有退票選項。

而就在命運翻頁的那一剎那，我腦中浮現的，卻不是自由、正義、榮耀、國家這些高尚詞彙，而是一面牆——六年前的牆。

那是我還在高中的日子。貼在牆上一張嶄新的海軍陸戰隊徵兵海報彷彿在告訴我：「逃吧。教室說謊，戰場才誠實。」六年過去，命運再次現身。這一次，它不再偽裝成愛國宣傳，不再躲藏在學校牆上，而是赤裸裸出現在我手中的手機裡，點燃了我心底某段未曾熄滅的東西。

那一天，我不是選擇報名；我是在回應命運的邀請。

✶

面對無處可逃的青春年華，不論透過何種方式享受，都難逃讀書的魔掌。暑假或寒假去韓國、日本旅遊，是我們大學的必修課；談戀愛和各種揮霍的娛樂，則是我們的選修課。每個人的抉擇都不同。二〇二三年七月，我再次做出選擇。

踏上陌生的國土，帶給人的無非就是新鮮的感受。我渴望此刻展開對世界無盡的探索——我要用世界看書本，而不是用書本看世界。但困難在於，成績不理想，拿不到交換生的門票。

但別忘了這封郵件。這是一張現成的門票、一張免費的門票。這張門票猶如那神祕的寶盒，我知道它將引領我進入未知的國度。如果我直接對父母脫口而出這個契機，夢想可能會直接被推入壁爐燃燒。

既然如此，那就編造一個去當交換生的神話吧！那就去波蘭吧！

這不是我第一次憑著自己的熱血與天性做出這樣的選擇：逃離課堂報名參軍。

二〇一六年九月，我開始讀高中。每天早上九點，擁擠的課堂裡塞滿了五十個學生。又是無聊的國文課，枯燥的文言文與晦澀的對話交錯，讓人多看一眼就想睡覺。

這些知識既不能果腹，也無法應用於平凡社會的日常。我們這群大男孩無奈卻又別無選擇，只能讓這種壓抑的感受一點點侵蝕神經與細胞。

唯有體育課能點燃我的熱情，讓被理性壓抑的天性短暫獲得釋放。

那一年，我十七歲。和所有學生一樣，我的大腦被強行塞入各式各樣的學科，就像填充劑一樣被灌滿。從早晨睜開眼的那一刻起，不過一小時，我便投入一天大大小小的課程，直到夜幕悄然降臨。

太陽東升西落，海水退潮又漲，唯一不變的，是我們日復一日不斷讀書的生活。彷彿整個世界，從宇宙誕生到近代科技的一切知識，都必須被硬生生塞進我們有限的大腦裡。

那些平凡的大人不斷告訴我們學習的重要性，然而，他們單調的工作卻凸顯一個殘酷的現實——這個社會其實不需要太多智慧來思考。

對於一個普通的高中生而言，嚴肅的知識既沒有魅力，也無法打動人心。或許，充滿詩意的表達與優美的文學文字，可以將一個平凡的故事改編為神話，但要將這些東西轉換成錢，無疑是天方夜譚。

在我家那小小的書房裡，書架上堆滿了名人傳記。每週作文的主題雖然變來變去，卻總離不開這些名人的故事。我們將它們重新改寫，編出一個新的夢想，然後湊滿字數、應付了事。

對學生來說，寫作就像用文學與詩歌包裝、點綴一成不變的日常。我們的生活整齊劃一、旋律一致，而國文課的作文要求，卻硬生生要我們將這平淡無奇的日子，改寫成格林童話。

二〇一七年某個悶熱的週二下午，教學大樓一樓的灰牆上，貼著一張嶄新的海軍陸戰隊徵兵海報。虎斑迷彩、黑色突擊艇、攜槍潛伏的士兵——他們臉上塗著偽裝膏，目光如刀，彷彿下一秒就要衝破浪頭。那不是海報，那是一道裂縫，一道通往未知、通往另一種命運的裂縫。而我，在那裂縫前站立良久。

對比之下，那些鼓吹升學的大布條、多媒體教室裡不斷播放的「學測衝刺計畫」、講台上數學老師聲嘶力竭的咆哮，顯得多麼蒼白、多麼假。徵兵海報的影像深深刻劃在我的腦海，就像泰勒絲要來台灣開演唱會時的宣傳廣告一樣，讓人無法忘懷。我的熱血與天性，就像船舶停靠岸邊時所用的纜繩，將兩者緊緊捆綁在一起。好在，我幼稚的大腦還是保有一點理性。至少，我不會告訴爸媽，我想當明星。所以，當他們聽到我要從軍時，還是比較高興的。畢竟，比起現在那些異想天開的同學，我的決定至少還算「務實」。

當一群屁孩被年長者或說教者批評「異想天開」，他們一定會反駁，說那是創意或獨特的想法，還需要人鼓勵。可在這個講求務實的社會，學生的人生履歷早已被標準化，偏離這條航線的後果，就是換來街坊鄰居與親戚的搖頭嘆氣。

身為一名高中生，父母對我們的期望很簡單——只要會讀書就好。探索世界和冒險的勇氣，在他們眼裡不過是天馬行空的幻想。但偏偏，我就是要與這個社會的體制，還有父母的期望唱反調。

涉世未深、無須多想的我，說走就走，像一個機器人一樣。這個決定，就像語法被輸入程式語言準備執行命令一樣。如今我終於明白，為什麼有許多孩童會失蹤或被賣掉——因為他們去的是陌生又危險的大世界，而不是軍隊。就這樣，我離開了高中，簽約並加入陸戰隊。

六年後，我再次離開學校，出發去烏克蘭戰場，當時的我，完全沒有想到戰爭不是我想像的樣子。

✶

二〇二三年九月，學校開學了，而我選擇了休學。我欺騙父母，告訴他們我要去波蘭當交換學生，但實際上，我的目的地是烏克蘭——我要加入國際兵團。我不是要去教室，而是要去戰場。一路上，我的腦海中充滿了對戰爭的各種想像。

二〇二三年九月十一日，我坐飛機從台灣到了波蘭的首府華沙。

從華沙到烏克蘭邊境只要五個小時的車程，只要到了那裡，我就能兌現我的門票——加入烏克蘭國際兵團。

在這個世代，從軍早已是偏離接受高等教育的人生選項，更何況是自願跑去八千公里外的陌生土地打仗。當時的我，渾然不知未來將會面對什麼。

但這一切在冒險啟航時根本不重要，因為就連哥倫布都不會知道他能發現新大陸；南極的探險隊也不曾意料，自己會死在精心計畫和安排之中。

說實話，當得知自己被錄取時，我的嘴角不禁上揚。相比穿著西裝站在台上報告，我的選擇更像是一場好萊塢電影——全副武裝，直奔戰場。

我知道這場冒險是謊言、是欺騙。當交換生就是一個離譜的神話。我用了無數的謊言，並借助在波蘭拍攝的大學照片來包裝這個謊言。儘管這是個善意的謊言，但每一個謊言背後，都需要用一百個謊言來掩飾。

我沿路拍攝了無數張波蘭的街景與大學內的照片傳給媽媽，告訴她我一切安好。接著，我請在華沙的朋友開車送我到烏克蘭邊境。

九月十五日傍晚，我們抵達了烏克蘭邊境。我的好友幫我抬著行李，送到海關檢查，然後一路陪我到徵兵站門口。我拿出一百五十歐元的車費交給他，隨後我們擁抱道別。

在他離開前，他叮囑我：「一切保重，不要受傷。」

我笑著回應：「那當然，之後還在這接我，ＯＫ？」

對方比了一個大大的拇指，然後轉身離去。

邊境的場景彷彿一邊是天堂、一邊是地獄。儘管這裡沒有砲火的煙硝，但絕望的神情流露在許多準備返回前線士兵的臉上。這些烏克蘭士兵非常年輕，我看得出來，他們不想打仗。拄著枴杖，還要扛著數十公斤裝備返回部隊的軍用大巴上，四處可見手臂與大腿打著石膏、一瘸一拐的年輕士兵。他們瘦弱、無力，從他們的眼神中，我感受到無奈，以及對於我到訪這個國家的不解。

我拿著護照遞給徵兵站負責執勤的年輕士兵。他看起來不到二十歲，稚嫩的臉頰與瘦弱的身材，讓人覺得他更適合待在學校接受教育，利用知識來改變這個飽受苦難的國家。

「嗨，潘！歡迎來到烏克蘭。你是要幫助我們戰鬥，對吧？」

我回答：「沒錯。」

為了證明我對戰鬥的熱忱，我隨手打開包包，拿自購的防彈背心及頭盔給他看。

他說：「潘，非常感謝你願意幫忙，但你要想清楚，前線跟你想的不一樣。你確定要加入兵團嗎？你可能會死在那裡。前線一天死數百人，甚至上千人，你真的想加入嗎？」

我依然堅定地回答：「沒錯，我要加入兵團。」

我注意到，他的左腳踝裝有義肢，但不好意思太過仔細觀察。

他笑著說：「是蝴蝶雷[1]……都是該死的俄羅斯人害我失去左腳。不過，我不用回到前線了。」

我說：「辛苦你了，我很抱歉。」

他一邊笑著，一邊翻著我的護照：「不，這沒什麼，別放在心上。至少我還活著。我們已經失去太多弟兄了，非常需要更多人加入，因為俄羅斯人實在太多了。」

一心只想出發打仗的我，卻忽略了對這個國家做基本的研究與調查。我沒想到烏克蘭的日夜溫差這麼大，害我冷得直打哆嗦。

幾分鐘後，幾名烏克蘭人過來與我寒暄，並請我喝了一杯熱騰騰的咖啡。要知道，在台灣，咖啡不過是種普通的飲料選項，一杯用來提神的工具罷了。但在此刻，我全身的熱量全靠這杯咖啡支撐。它的重要性，遠超過我帶來的防彈背心和頭盔。

不久後，一名司機走向我，與我握手，告訴我上他的車，並說會幫我安排住宿。

夜晚的烏克蘭邊境格外陰森，完全沒有一絲燈光。經過二十多分鐘的車程，我被安置在利沃夫[2]郊區的一所學校，繼續等待。

連續兩天的飛行，我的身體早已疲憊不堪。我只想好好洗個熱水澡。一樓的廁所裡有個全是烏克蘭文的電熱水器，我走過去，憑藉在台灣使用機器的經驗胡亂操作。

巨大的聲響驚醒了學校裡的其他志願兵。我完全不知道，除了我之外，這裡還有另外三名美國籍志願兵。

突然，其中一名美軍拿著刀，悄無聲息地走到廁所後方。當我轉身的一瞬間，他大聲喊道：「你是誰？」

我急忙回應：「我是來自台灣的志願兵。」

對方緊張的氣氛瞬間轉為笑聲。

「歡迎你來，我的台灣朋友。」

就這樣，我緊張的心情瞬間放鬆了。

這是我與「紐約」的第一次相遇。他曾服役於美國海軍陸戰隊，年僅二十七歲，已經是一個八歲男孩的爸爸。

---

1 PFM-1是蘇聯和俄羅斯生產的反步兵地雷，也被稱作「綠鸚鵡」或「蝴蝶雷」。

2 利沃夫因其地理位置靠近波蘭邊境，遠離東部戰線，成為戰爭期間的重要後勤樞紐。雖然國際兵團的主要訓練和作戰活動多集中在基輔、哈爾科夫或東部地區，但許多外國志願者經由波蘭進入烏克蘭，利沃夫作為邊境附近的最大城市，常被用作志願者的中轉站。他們可能在這裡接受初步接待、文件處理或前往其他訓練地點。

紐約問我：「這是你第一次來這嗎？」

「是的。」我回答。

他說：「這是我第二次來。二〇二二年，我參與了哈爾科夫大反攻。」[3]

我告訴紐約：「我也在陸戰隊服役，永遠忠誠。」[4]

他給了我一個大大的擁抱。

「潘，這個區域可能有俄國間諜，你最好帶把刀防身。晚上盡量不要離開學校。對了，明天早餐時間是七點，晚安。」紐約說。

中午時分，我與紐約在學校的體育場拉單槓。眼前，一輛福特汽車朝學校的方向駛來。

「嘿，嘿，潘，看看是誰來了！」

「搞不好像你一樣吧。」

汽車停在我們面前，我原以為下車的會是一名彪形大漢，沒想到竟是一位長相亮麗的英國女孩。

這是我們第一次與莎蒂亞相識。除了對她的不解與好奇，更讓人匪夷所思的是——為什麼一個女生會加入兵團？她要去前線嗎？她來這裡幹麼？她就是一個謎，等待時間在未來解答。

幾個男人的廚藝加總在一起，做出來的食物依然難以下嚥。莎蒂亞在晚上幫我們做了義大利麵，解決了我們的溫飽。

紐約問莎蒂亞說：「妳準備要去哪裡？怎麼會來到這裡？」

「我來陪我男友，他在前線當隊長。」莎蒂亞回道。

「他在哪個部隊服役？」

「在國際兵團第一營。」

「我也是第一營的士兵，他在哪一連？」

「在布拉沃第一小隊，他是小隊長。」

「是艾瑞克嗎？」紐約問道。

「對，就是他。」莎蒂亞說。

我插話問她：「可是妳是女生，怎麼加入兵團？兵團准許妳到前線嗎？」

莎蒂亞回說：「那不重要！剛開始兵團因為我是女性而非常排斥我，還問我到底

3 哈爾科夫大反攻，又稱哈爾科夫閃擊戰，是俄羅斯入侵烏克蘭期間，烏克蘭武裝部隊於二〇二二年九月六日在烏克蘭哈爾科夫俄占領土上發起的一次快速反擊攻勢。

4 美國和中華民國海軍陸戰隊的口號都是「永遠忠誠」。

要來幹麼？但我跟他們說：我在英國受過專業的醫療訓練，我可以勝任這份工作。為此，我寄了數十封電子郵件，直到他們准許我來這裡為止。」

任何一個加入國際兵團的志願者，一定會遇到人生哲學三大問：「你是誰？你找誰？你去哪？」好一個不厭其煩、瘋狂投履歷的女兵！這故事讓我不禁哈哈大笑。為了加入國際兵團陪伴男友，她向國際兵團寄出了數十封郵件。最終，徵兵官破例接受了她的申請，並將她與我們幾名新兵一同送至第四營接受新兵訓練。

我敲了敲自己的腦袋，心想，這是什麼樣的愛情故事？簡直太偉大了！為了陪伴男友，她竟從安逸的國家投身到隨時可能喪命的戰場。還記得在某些國家、某些地方，有些女性軟弱得像棉花糖，卻天天喊著女權。我看，眼前這位「花木蘭」才真正有資格談論女權吧。

沒有比較，就沒有傷害。在大學談戀愛時，因為手機演算法的推送，我們每天都能看到關於愛情的文章，那數量多到遠遠超過我讀過的《紐約時報》。可即便如此，我從沒見過任何一篇文章能寫出我眼前這樣的愛情故事。

我談過那麼多戀愛，幾乎每個女孩都等待著我去接送、等待著我去陪伴。然而，在國際兵團的第一堂課上，愛情的秩序被徹底顛倒。我被震撼了，也深深被感動了。光是她的這個舉動，就足以讓我一生敬佩這位女性。

這種感受和我十八歲第一次在台灣參軍的感受完全不一樣。

★

六年前，我離開高中，參加了中華民國海軍陸戰隊。在這裡，軍令如山，沒有人會質疑這些猶如禽獸一般的長官。軍隊就是這樣，給人一點權利他就會無限放大。那些樣貌普通、沒有肌肉的教育班長，他們無緣無故就開始吼叫，彷彿我們是聽不懂中文的野獸。哪怕我多說一句話，也會被他們的口水噴得狗血淋頭。無盡的失望讓我如同殭屍般度過每一天。

文明社會講究談話間的優雅舉止，因為這能給人留下好印象。但在陸戰隊，好印象很快就會被遺忘，因為我們這些士兵不是貨車司機、做粗活的，就是剛畢業的菜鳥新兵。要讓大家突然變成叢林裡的野獸，對著彼此鬼吼鬼叫，除非是感染了殭屍病毒，否則根本不可能。

然而，那些教育班長和稍有資歷的學長，卻總是用髒話來「親切問候」。唯有憤恨與厭惡，才能將一個陌生人深深刻劃在腦海裡——即使化成灰，你也不會忘記。

說實話，新兵訓練真是無聊。我原以為來到這裡會看到身材魁梧、滿身肌肉和刺青的新兵，還以為這裡的班長會像美國海軍陸戰隊的宣傳影片那樣兇悍、強壯，並且會把效忠國家的神聖榮譽傳遞給我們。

測不準原理用在哪裡都好，我還以為第一天會拿到軍人的第二生命——步槍，結果取而代之的是掃把。我閉上眼睛思考了三秒，但當我睜開眼睛時，還是掃把。不光是掃把，還有拖把和油漆刷。這樣的反差，無法用言語表達。

這一切的標準都太低了。要我說，新兵營就是媽寶訓練營，空有外表，實則虛名。二十出頭歲的男孩竟然跑不完三公里，當他岔氣倒在地上時，我還以為他遭到砲彈的彈片擊中了呢。真是好笑！

對我這個年紀的人而言，還不到賺錢的時候。要不是學校那張帥氣的陸戰隊海報，我根本不會依循本性的衝動來到這個地方。軍隊不需要你的知識及獨特的個人見解。因此許多人是為了軍隊那優渥的薪水而割捨時間、犧牲自由來到這個地方。

我的天性熱愛冒險，並且能吃苦耐勞。在極端環境下生活是我與生俱來的本領，因此我的膚色總比一般大學生要黑。一眼看去，這不是健身房練出來的，而是在體育班曬出來的。

如果每天讓我穿軍裝掃地、拖地、刷油漆，我猜我一定會瘋掉。那就像是薛西弗斯的神話，我把石頭推向山頂，然後石頭又滾下，接著我又要推向山頂，這和倉鼠有什麼不一樣？重點是，面對長官及自大的學長，我還得展現出不自然的微笑。想想那個畫面，簡直就像恐怖片的海報。

連隊中士看出了我的心聲，他對我說：「文揚，這裡的標準並不適用於所有陸戰隊單位。如果你有夢想、有熱忱，就該去加入更艱苦的部隊，而不是待在這裡抱怨一切。你的實力如何，不是由你自己說了算，而是需要經過外在的檢驗。別自視甚高，以為自己很有能耐——有種的話，就去當蛙人！」

轉眼間，四個月的新兵訓練結束了。分發單位時，我向長官表達了自己的意願：我要加入海軍陸戰隊最精實的步兵連隊。

如今想想，我當時真是幼稚。薪水一樣，但我卻想要更多精神和身體上的折磨。就這樣，我被分發到海軍陸戰隊九十九旅步一營步一連。這也是我服役的第一個步兵單位。

六年後，我再次加入步兵營，只不過這一次是在烏克蘭，是在真正的戰場上。

2.

利沃夫訓練基地

——烏克蘭沒有安全的地方

隊長，什麼是世上最美好的事？

二〇二三年九月十六日，到利沃夫的第二天，我被帶到利沃夫市中心辦理新兵資料及銀行卡。烏克蘭軍方告知我，我會在這裡待幾天，等一切完成後，才會被送到訓練基地。

我利用這段空閒時間逛了這座東歐著名的美麗城市。利沃夫是烏克蘭的主要工業及文化教育中心，街上可以看到許多穿著時尚的大學生穿梭大街小巷。這座城市還擁有烏克蘭最古老的大學——利沃夫大學，以及歌劇院與芭蕾舞劇院。廣場上聚集著許多年輕人在歌唱，在這裡，絲毫感受不到戰爭正發生在這個國家。置身於利沃夫，彷彿被世界文化遺產圍繞，這裡的美景能治癒心靈一切的哀傷。

第四天，我的文書作業已經完成，烏軍開了一輛悍馬車，將我、紐約和莎蒂亞等一行人送至國際兵團第四營，並開始為期八個星期的軍事訓練。

艾瑞克在新兵訓練中心等待多時，此時他正在訓練幾名剛報到的新兵。這位大名鼎鼎的艾瑞克，是國際兵團第一營布拉沃第一小隊的隊長。要知道，這支小隊是當時志願兵中作戰經驗最豐富、裝備最精良的小隊。兩名台灣前輩也曾服役於此，並一同參與了哈爾科夫大反攻。

艾瑞克是美軍陸戰隊的士官，從二〇二二年戰爭初期就參與前線戰鬥。他經驗豐富，為人慷慨大方，從不懼怕任何血戰，並在一場又一場的惡戰中活了下來，直到他去世為止。對我來說，他是真正的戰場哲學家。他有一套自己的參戰信念，並認為這世上最棒的事，就是能夠捍衛民主與自由的價值。

如何證明自己是一名久經沙場的老兵？看看艾瑞克身上的槍傷及砲彈碎片炸傷的痕跡就知道。他的刺青無法掩蓋一道道深刻的疤痕，而那粗壯小臂上的彈孔，證明了他能活下來，是經歷了一千次偶然的幸運與一萬次爭分奪秒的戰鬥。

沒有經歷過戰鬥的人不會知道，一旦開戰，那種爭分奪秒、相互取代對方存在的速度有多麼驚人。砲彈的呼嘯夾雜著死亡的怒吼直直從你眼前飛過，子彈劃破空氣，從你最脆弱的脈搏附近掠過。在一次次戰鬥中，每分每秒都可能是生命的終點。

我以前服役的陸戰隊同袍，快過來聽聽隊長說的話！你們服役那麼久，知道為何而戰嗎？拜託，不要再聽那些整天處理文書資料的長官說的笑話！我以前的大學同學，也快過來聽聽隊長說的話！你們不是天天在課堂上談論自由與民主嗎？

「隊長，什麼是世上最美好的事？」

「拿著M4A1步槍，穿梭於戰壕與森林，與俄軍生死相搏，才是最美好的事。因為你捍衛的是民主與自由的價值。」

我的思想與價值觀再次遭受激烈的碰撞。我只想說：「我的天啊！」

艾瑞克是不是哲學家，對我這顆熱愛哲學思考的大腦而言或許很重要，但對大多數人來說，更具普遍意義的是——他是一位從前線回來的教官。他的工作是協助訓練新兵，並傳遞那無法複製的生存之道。

如果不是艾瑞克，又有誰會告訴我們交戰不到九十秒敵方的自殺無人機就會迅速來到。

艾瑞克對訓練有自己的一套標準和堅持，他認為訓練應該圍繞作戰，與作戰無關的項目應該撤除。例如，障礙課程容易造成傷害，且對實際戰鬥並無太大用途。因此，他經常跟新兵營的其他教官發生衝突。

這也是我佩服艾瑞克的原因之一：他的性格實事求是，且敢於堅持自己的理念，這讓我打從心底敬佩這位隊長。

艾瑞克經常單獨拉我們去做戰鬥訓練。經過他的精心安排，我們的技能進步非常迅速，但是新兵營其他教官卻極度想把艾瑞克弄回前線，對於其他教官來說，艾瑞克就像一位會動搖思想忠誠度的異議者，但我們對他的熱愛又讓這些教官無可奈何。

就像偉人的思想需要時間驗證一樣，艾瑞克就是一位無人理解的哲學家，儘管他的訓練方法更加快速有效，卻因其他教官的排斥而被指揮官派回前線。

這一決定，引發了我們許多新兵的不滿。我們有志一同把第四營的臂章扔在地上，踩了又踩，宣洩我們不滿的情緒。儘管此刻新兵們極度團結，但這畢竟是軍隊。

任何人如果不能接受這個現實就解約回家，因此我們只能無奈接受失去眼前可學習和效仿的對象。

就算艾瑞克不在場，我們依然需要訓練。此時，烏克蘭已經步入冬季，訓練營的日子異常寒冷。每天早晨四點半，我們便起床準備開始一個半小時的體能訓練。為了提神，我習慣喝一杯熱咖啡，配一根駱駝牌香菸，這便是我訓練前的早餐。晨操的內容包括跑步、重量訓練和協調訓練。

寒冷的天氣讓肢體的靈活性大打折扣，短短的三公里慢跑就像拖著一個沉重的鉛塊在移動，我們的協調運動就像復健的老人，緩慢又沒有節奏。面對消極的我們，外國教官的嗓門大得像一戰電影裡戰壕的軍官一樣鬼吼鬼叫。這次不同的是，從中文切換成英文，我聽到最多的單字就是「Mother fuck」（幹你娘）。

晨操結束後，我們有半小時的時間吃早餐，隨後與烏軍一同參加升旗典禮。指揮官常告誡我們，作為烏克蘭軍隊的一員，我們每天都必須參加升旗儀式。

升旗結束後，指揮官會下達當日的訓練計畫，接著我們要行軍六公里到訓練場。烏克蘭的冬季天氣變幻莫測，時不時會下雨或下雪。我們全副武裝，進行十公里的戰鬥巡邏，然後開始各項步兵戰鬥課程的訓練。

訓練內容繁多且嚴格，包括從基本的射擊姿勢到動態射擊姿勢的變換，以及無休止的戰壕訓練和室內攻堅課程。此外，教官還教授伏擊與反伏擊、偵查技巧、偽裝、如何識別地雷與爆炸物等多項技能，此外，還有一些特殊課程，如戰術戰傷救護醫療訓練（TCCC）[1]等等。

我們這一期的志願兵是第四營訓練的第十一期士兵，其中大部分成員來自歐美國家，而且一半的士兵都有戰鬥經驗，曾在伊拉克和阿富汗執行過任務。對於我這個戰場新手而言，只能專心聆聽這些外國「大學長」的教導。

拉格納雖然沒打過仗，但他曾服役於挪威海軍陸戰隊，身高足足二百一十公分。我敢保證，任何人要是與他發生衝突並動手，一定會被他的身材輾壓。好笑的是，他壯碩的外表與性格有極大的反差——他喜歡嘟嘴模仿胖寶寶，還時常用台灣髒話親切問候我。他不愛洗澡，身上總帶著一股鯖魚味，常讓大家困擾，因此我給他取了一個外號：「大臭臭」。

我們幾乎每天都在開男人間的低級玩笑。我時常調侃他：「我懷疑你祖先是海盜，還有，我懷疑你喜歡軍隊裡的男人，所以才選擇加入國際兵團。」

我非常喜歡他搞笑的個性，也真的把他當成好友。烏克蘭的夜晚格外寒冷，我沒有足夠的保暖衣物，他直接送了我一件昂貴的軍用外套，還不忘用幽默的語氣說：「我的老婆，要好好保管它，希望你每天都能感受到我的體溫。」這個噁心的跨國同志電影劇情雖然讓人作嘔，但卻見證了新兵營真正的大男孩友誼。

那無止境的行軍與戰鬥巡邏不斷消磨著老兵的意志。訓練後，拉格納對我說：「潘，這些狗屁課程對於沒當過兵的平民來說或許適用，但我們服役那麼久了，沒必要再浪費時間。我打算直接跟烏軍陸戰隊簽合約，到前線去，你要不要跟我一起離開兵團？」

我回道：「我們沒多久就會去前線了，再忍忍吧。」

「不然這樣，我先去陸戰隊看看。如果不錯，我直接把你拉過來，跟我一起如何？」拉格納說。

「好。」我說。

於是，拉格納隨即與新兵營解約，轉往陸戰隊報到。

新聞頻繁播報烏克蘭海軍陸戰隊在前線傷亡慘重，我猜測他們急需補充新兵。拉格納介紹他的長官給我認識。這名指揮官自豪地對我說：「我們是一支專業且堅強的隊伍！上週，我們連在頓內茨克一天內殺了一百三十五名瓦格納士兵。[2]潘，如果你

1 TCCC是一套專為戰場環境設計的醫療救護系統，目的是提高戰場傷患的存活率。

2 瓦格納私人軍事服務公司，通稱瓦格納集團，是俄羅斯準軍事組織及私人軍事服務公司的代稱，被

有興趣，我們希望你加入海軍陸戰隊。」

眼看新兵營的訓練即將進入尾聲，我思考許久，最終還是婉拒指揮官的邀請。

拉格納說：「沒事的，兄弟。我很抱歉，四營對我來說太無聊了。起碼在這裡，我下週就可以去頓內茨克作戰。希望你到前線後一切平安。」

我回道：「沒問題的，兄弟。到時候放假去利沃夫喝酒！」

還有五天，我們就能從新兵營結訓了！

✶

就像往常一樣，我拆開我的AKM步槍，仔細保養，生怕一個不注意就被教官找碴。此時，吉普賽跑到我床前，大喊：「潘！還好你他媽沒去陸戰隊！拉格納他們全排都死了！」

突如其來的悲劇打破了帳篷的寧靜，許多人停下手上的動作，一言不發。此刻，空氣與時間彷彿凝結在這讓人不知所措的狀態中。我難過，心中湧起酸楚且強烈的感受，但身體卻不知該用什麼具體的動作來表達。

除了紐約，拉格納是我在這個國家結交的第一個真正好友。這是第一次——第一次有朋友以如此快的方式離開人世。

「操……才一週，這太離譜了吧？」我說。

吉普賽低聲說：「潘，請節哀。我知道你們是很好的朋友。」

我看著ＩＧ裡的聊天紀錄和在訓練營拍的搞笑影片，眼眶不禁泛紅。然而，再多的感受在睡意面前都要高舉雙手投降。

這是訓練營的最後一晚，就像往常一樣。我們在睡夢中被防空警報驚醒，拖著疲憊的身軀，帶著步槍跑到森林中躲藏。

烏克蘭全境幾乎每天都有防空警報，我們早已習以為常。對於我們這些還待在後方訓練營的新兵來說，根本無法真正體會戰爭，只能憑想像。

外頭下著大雪，我們在樹林中等待了四個小時。我看著手錶，已經凌晨四點半。許多烏克蘭人和戰友決定回帳篷繼續睡覺。

雷普特猶豫地說：「可是……警報？」

「嘿，雷普特，去他的警報，我要睡覺。他媽的太冷了。」

我坐在沙發上，脫下那厚重的外套。

外界視作傭兵甚至私人軍隊。

砰！砰！這兩次撞擊聲雖然不大，卻讓一向安逸的基地透露出不尋常的聲息。

「潘，跟我出去走走，看看怎麼了。」紐約說。

夜裡伸手不見五指，我們站在帳篷前看著天空。我不知道到底要注意什麼，也不知道該做什麼。

遠處割草機般的聲音，逐漸逼近，愈來愈大。我站在原地，並未當一回事。

突然，紐約猛地拖住我的防彈背心，把我用力拉到一棵大樹後蹲下。就在此時，一個巨大的聲響從我們頭頂飛過——那聲音像極了二戰時期德軍的俯衝轟炸機！

下一秒，巨大的爆炸伴隨著火光，點亮了整個營區。

那天，俄軍向我們的基地發射了十六架伊朗製「見證者一三六」無人機，烏克蘭的防空機槍擊落了其中十一架，剩下四架擊中了我們的基地建築，還有一架直接炸到一個帳篷。第二天，我去查看現場殘骸，發現地面被炸出了一個五公尺深的坑洞。

那天是二〇二三年十一月三日，是我第一次真切感受到什麼是戰爭。

隔日，為了感謝紐約救了我，我將在台灣服役時佩戴的陸戰隊小帽送給了他。要不是他，我可能就呆呆站在原地，等著被無人機炸死。

早上升旗時，指揮官召集所有志願兵，告訴我們：「這就是前線的日常。等你們到了前線，昨晚的情況將無時無刻發生。」

這不是開玩笑的事。你永遠無法預測這些致命的武器會飛到哪裡——學校、兒童醫院，或者是你身旁。

這就是戰爭，而烏克蘭，沒有一個安全的地方。

這一天，結訓與震撼教育，一同送給了我們這一期的志願兵。

彷彿一夜之間，我就從一位什麼都不懂的莽撞青年，蛻變成一名真正的軍人。如今，當我回想起在台灣當兵的經歷，就覺得那四年的新兵加陸戰隊經歷，都不如這一晚來得刻骨銘心。

✶

在台灣當兵時的自己，真的太年輕，四個月的新兵訓練並未讓我真正蛻變成一名軍人。我覺得無辜，這不能全怪我，媽寶訓練營根本不是在訓練軍人，而是親切地用髒話照料年輕人。我們不需要會打仗，但一定要聽話，要聽長官的話，當軍隊的乖寶寶。

因此，見到長官時，我甚至連階級都搞不清楚，經常叫錯，結果換來了一陣痛罵。神奇的是，下了部隊後，長官罵的髒話，比你一生中遇過的最邪惡之人所使用的詞彙都更具威力。我的母親依然健在，但在部隊的第一天，她就被問候了幾十次，彷彿她已經離世了一樣。如今，身處文明的環境，我回想起那些髒話，仍覺得不可思議。這些髒話的編排，國文課本沒有教過，得靠自己領悟。菜鳥新兵，就是這些語言的傳遞者。

新兵訓練結束，我到了部隊，那一天天色已晚，我簡單安置一下，便早早睡了。

隔天，班長帶我認識單位的各位長官，也讓我發現這個單位與其他部隊有所不同。這裡的軍官全都是從陸戰隊特種勤務中隊抽調過來的，而士官則曾被派往夏威夷，與美國海軍陸戰隊協同訓練。

這支從未真正上過戰場的部隊，卻時刻模擬戰鬥狀態。真要論專業性，還沒有其他部隊能與之匹敵。然而，這裡的士官和士兵極難相處，學長們個個擺出傲慢的姿態，隨時能用各種折磨身心的方式讓新人屈服。

隨後，我被分配到步一排步一班，擔任步槍兵，而這一幹，便是三年八個月。

在一個沒有戰爭的國家，軍人的生活往往是單調的，無休止地重複訓練。老實說，當你經歷過一段枯燥的時期，職業倦怠便會悄然滋生，而我也無法避免。

於是，我報名了知名的兩棲偵搜專長班，這是每一位台灣陸戰隊蛙人必經的挑戰。然而，由於體能準備不足且不會游泳，我在第三週便被淘汰了。帶著羞愧和失落，我回到了步兵連隊，繼續服役。

身為一個失敗的挑戰者，在這個環境中，我成了他人嘲笑的對象。這比數學考試只得十分還要痛苦。我真想挖一個戰壕，把自己埋進去。我覺得丟臉、羞愧，那種感覺就像是走在大街上卻沒穿褲子。這裡是人生的第一個重要課堂，沒有萬全準備，千萬不要隨便挑戰艱難的選項。

我花了很長時間才平復心情。與其說是平復，不如說面對他人的嘲笑已經變得麻木，甚至無感。不過，我父親說過一句平凡到不能再平凡的老話：「成功的人找方法，失敗的人找理由。」就這樣，我的大腦再次像輸入程式語言一樣，開始準備執行命令，就像電腦工程師看到程式無法跑出結果時，會去檢查錯誤的語法。因此，我報名了鐵人三項，並利用科學方法訓練自己的肺活量。

人生，要麼耍廢，要麼練肺。在陸戰隊中，一顆像機械般運轉的肺，能帶你通往任何精銳部隊。肺活量就像古代的戰馬，載著騎士，通往任何征戰的地方。如果要達成夢想，那我自己就要成為戰馬。

除了不斷的游泳和跑步，我練習掌握呼吸節奏，努力以最快的速度完成三公里路跑。我控制呼吸，像高空巡航般以飛機的速度訓練跑步。我調整姿勢、調整呼吸、放空大腦。經過半年努力，我成功達成了預期的目標。這一次，我再次報名兩棲偵搜專長班，並成功堅持了四個月，直到克難週。3

南台灣的夏天，太陽就像拿著放大鏡對準你。那些在工地揮汗如雨的工人，看起來就像因缺乏知識而被老天懲罰，在極端環境中受苦。但對我們而言，連痛苦的感覺都沒了。

我們穿著迷彩服、頭盔、腰帶、軍靴，背著步槍，在十二分半鐘內跑完三公里；週五的早晨，我們從山上到平地連續跑完漫長的二十四公里。我們頂著重一百六十四公斤的橡皮艇走上七公里，要穿著蛙鞋、戴著面鏡，拖著背包在大海游上數公里，時不時還會被水母螫到。我們背著二十五公斤的背包在山上行軍並繪製寫景圖——這一切只是正常的課程。

為了折磨你的意志，你無時無刻不在接受教官的懲罰。你要穿著蛙鞋仰臥打水，不斷地做無盡的折返跑，從倒數第十名開始抓起，接著是第九名，直到最後一個。體會過的人都能發現，人的身體如此奇妙，我們的肺竟然沒有爆炸。

在如此極端的環境下，你的意志會被推向前所未有的高度。只要你的身體還撐得住，意志就不會垮掉，撐過這一切，直到盡頭我就是一名蛙人了。

然而，經歷了極度痛苦且不人道的訓練後，兩棲偵搜專長班最終還是在最後一週淘汰了我。原因是我曾與中國大陸的同學保持密切聯絡，這違反了國軍的資安條例。

我以為這是關於體能與意志的考驗，但最終我敗給的，竟然是一紙規則。夢想破滅，所有的汗水和淚水都成了徒勞。我無法忍受這種不甘的失敗，因為我付出了太多。

於是，我決定返回我熟悉的地方——步兵連。

那時，我的皮膚被太陽曬得斑駁不堪，像是蛇皮脫落；我的膝蓋因無止境的奔跑而受傷，步履蹣跚；我的氣色糟糕透了，眼眶深陷，目光無力。這一次，部隊裡沒有人嘲笑我，因為他們知道我經歷了什麼。

然而，夢想被白紙撕碎，努力換來的，卻只是夕陽西下時海灘上的泡沫。我已經沒有力氣怒吼，所以，我決定離開這個地方，回到課堂，二〇二二年九月，我進大學念書。

✶

3 這裡指中華民國海軍陸戰隊兩棲偵搜大隊（俗稱蛙人部隊）訓練課程中的一個高強度階段，全名為「綜合考驗週」，通常為期六天五夜，是成為合格蛙人的最後關卡。

然而，就在此刻，命運的齒輪已悄然轉動。就在我的夢想破滅之時，俄烏戰爭爆發。二〇二二年二月二十四日清晨，普丁宣布正式開展「特別軍事行動」，兵分四路從東、南、北、東北四個方向全面入侵烏克蘭。三月起，俄軍的基輔攻勢遭遇烏軍強烈抵抗。在進入大學念書後，我念的正是國際關係、比較政治等課程。俄烏戰爭局勢，也觸動了我天性中的一些東西，我每天關心俄烏戰爭狀況。但是我沒有想到，在烏克蘭八週的新兵訓練就讓我成為了走上沙場的戰士，更沒有想到，戰爭遠遠不是我想像的樣子。

3.

我的戰友們

——活下來最痛

當我們失去了四肢，我們還能繼續對生命懷抱熱忱嗎？

雷普特告訴我，上週畢卡索在斯拉夫揚斯克的陣地被俄軍ＦＰＶ自殺無人機炸成重傷。

「畢卡索正躺在基輔的醫院接受治療。如果你有時間，記得打個電話關心他一下。他的狀況不太樂觀——醫生說他至少要在病床上治療六個月，如果幸運的話，這輩子還能重新站起來走路。」

畢卡索是我在第十一期新兵營的夥伴。他總是特意修剪鬍子，讓兩側的鬍鬚微微上揚，看起來就像中世紀歐洲名畫中的紳士。

我在兩天內打了無數通電話，終於在接近傍晚時分接通了。

「怎麼了，兄弟？我真的沒想到你會回來。」

「別告訴我你又回兵團了。」

他打開鏡頭，看著我，用最標準的美國口音跟我打招呼。但我一眼就看出他的虛弱——他整個人蠟黃，皮膚彷彿失去了生命的活力。他將鏡頭對準自己的腿，那條腿懸掛在半空，由支架固定，防止骨骼錯位生長。厚重的石膏與紗布包裹著傷口，但膿血已經滲出整條繃帶。

他的腹部與大腿布滿大片瘀青，傷口周圍的血跡發黑，彷彿即將滲出腐血。

「潘，這一切真他媽的糟透了。醫生說我要在這該死的病床上躺半年，我已經受夠了……可是，我根本沒辦法站起來。我不知道以後還能不能走路。」畢卡索說。

「老兄，你的腿好得很！你他媽的未來一定能走路，甚至還能去參加馬拉松。我看過比你更慘的，最後都康復了，別亂想，好嗎？」我說，「這裡的醫生每天面對太多傷患，他們的回覆永遠都一樣，別相信他們。」

畢卡索嘆了口氣，然後說：「潘，你知道席耶拉被殺了嗎？」

我回道：「我知道……但到底發生了什麼事？」

戰場上，每一位好友的離世，都是一篇漫長的故事。對我們來說，我們比起校園裡的八卦，更渴望知道每一名隊友的死因。

「俄國佬炸了我們兩天，還派了風暴Z部隊的一個排發動突擊，想要拿下我們的戰壕。我跟席耶拉一起防守第一道戰壕。我們不斷變換位置射擊——你知道的，待在一個地方不動，遲早會被炸死。就這樣，我們兩個人在戰壕裡跑了一整天。」

「第一天狀況還算穩定，除了火砲之外，敵人完全無法靠近。我們右側的機槍掩體裡有兩個人操作MG3機槍壓制他們，敵軍的偵察排還沒來得及看清戰壕情況，就被機槍掃死了。」

「但到了第二天，俄國人開始不斷用FPV無人機轟炸我們。我試著擊落其中一架無人機，但沒多久，第二架就直接撞進MG3機槍掩體，裡面那兩名機槍手當場被炸成碎肉。」

「席耶拉立刻用對講機呼叫幾名巴西士兵來支援，當天我們才勉強守住防線。」

「你知道嗎？第一架無人機在我去拿彈藥的時候，直接撞上我前方的沙包⋯⋯我只差一公尺就被炸死了。」

他說著說著就哭了。

「潘，俄國人下午基本沒什麼動靜……但是晚上……晚上，席耶拉正在休息時，他們直接衝進戰壕，朝他的背後連開好幾槍，當場殺了他。」

「我們在戰壕內與他們激戰了十幾分鐘。他們丟了一顆手榴彈，炸死了我們一人，隨後便撤退了。」

「隔天，我們把席耶拉的遺體抬到第二道戰壕，這樣等到部隊輪替時，就能幫他下葬。我們補充彈藥後，立刻返回戰壕繼續防守。我看到一架無人機，立刻朝它開槍，但它俯衝得太快，我來不及擊落。幸運的是，我沒有被炸死。席耶拉的朋友幫我包紮了傷口，並將我送到戰鬥醫療組。要不是他們，我可能就死在那裡了。」

✶

在前線負傷是件讓人絕望的事。

烏克蘭是廣大的平原，這有利於裝甲部隊的推進及各口徑火砲的運用，因此前線有大量士兵受傷是因為遭遇砲擊。

如果砲彈的彈片打到防彈背心或頭盔，還好，不會有生命危險。但如果彈片擊中四肢，當下唯一能做的就是利用止血帶止血。現在談論的是有救的情況，如果彈片擊中頭部、頸部或腰部及動脈，那基本上就是沒救了。

在有救的情況下，打開止血帶，將其套在四肢的動脈上，用力拉緊並旋轉至縫隙小到手指無法塞進去，並祈禱兩小時內能夠後送，因為超過兩小時的捆綁會導致血液循環受阻。

一般情況下，步兵小隊在執行任務時會有戰鬥醫療兵參與，但戰鬥醫療兵的首要任務是戰鬥，醫療救助是第二任務。因此，前線的戰鬥醫療兵面臨較高的死亡風險，當他們陣亡時，任何人只能自救或等待戰友控制戰況後給予協助。通常情況下，小隊超過兩人負傷就會取消任務，但現實是，每次任務都有超過兩人受傷或死亡。

這一切與戰爭的強度有關，俄烏戰爭規模極大，雙方投入兵力及火砲數量極其龐大，導致前線受傷和死亡的機率極高。

在現實環境中，每個人都應具備一定的醫療知識，醫療兵只是輔助角色。每個人都可能受傷或死亡，因此很少有人將生命寄託在醫療兵身上。

在非戰爭狀態下，不論哪個國家都會這樣教導：將交火區視為紅區，將低強度且可以救治傷患的危險區視為黃區，將安全區域視為綠區。而黃區很可能會瞬間轉為紅區，因為它離紅區只是一段距離。

一旦在紅區受傷，應立即捆綁止血帶，等局勢穩定後撤退至黃區做進一步處置，再由黃區的醫療組送往綠區，如醫院，接受更全面的治療。

這一切聽起來是理想，但實際情況遠非如此。當士兵在前線交戰時，除了自殺無人機的衝撞、無休止的砲火外，受傷後要從紅區移動到黃區幾乎難如登天，一切都看老天安排。

醫療組距離紅區多遠？我可以保證，他們離紅區幾公里遠，因為他們無法待在敵軍的火砲範圍內。因此，受傷後想要移動那麼遠的距離，是否可能？這也是為何我在醫療課上總是想要打瞌睡，因為面對實戰，這一切只關乎運氣和神助。

任何士兵都具備基礎的醫療知識，但試想，一旦在森林中踩到反步兵地雷，導致右腳被炸斷，儘管綁了止血帶，又能撐多久？又或是骨盆被狙擊手射穿，身為傷者的你無法移動，該怎麼辦？

再想像一下，當你乘坐裝甲車時，一發反坦克飛彈向你的車輛襲來，你能保證裝甲足以抵擋飛彈的穿透嗎？真實的前線，處處充滿無法救治的危機。因此，所有的醫療知識都是在理想狀況下進行，但受傷往往伴隨著極度的痛苦和無助。

我們無法預料戰鬥中會遭遇什麼樣的傷害，因此最好的方式，或許就是避免戰爭的發生。

每一天，許多青年被麻醉後推進手術室，而當他們醒來時，看到自己失去了左手和右腳，他們的熱情因截肢而熄滅。我們的肉體是母親賦予的，當我們失去了手腳，母親的心該有多痛？如果我們能對其他事物充滿熱忱，而非參與致人於死的戰爭，也許我們就不會失去四肢。當我們失去了四肢，我們還能繼續對生命懷抱熱忱嗎？失去手的你，無法書寫；失去腳的你，難以行走。

痛嗎？

活下來最痛。

4.

安德里夫卡的戰鬥

——這是巨大的絞肉機

我們是一支奔赴殺戮的隊伍，但絕大多數的士兵，都死在半路。

然而，我很快意識到，死亡比受傷更無奈、絕望、可怕。

如果拿AK－74步槍到靶場，朝靶紙射擊三十發子彈，那麼當晚你可能需要花超過一個小時，才能徹底清理這把步槍。槍膛內的金屬碎屑、空氣中的灰塵，以及手上的汗水、油脂和泥土混雜在一起，大大增加了清潔武器的難度。

尤其是在倉庫裡，那數百把經歷過無數次激烈交火的AK步槍。這些步槍的防火帽早已緊緊卡死在準星前，無論我使出多大力氣，都無法將它們拆下來。

除此之外，倉庫裡還有幾把改裝完五點六六口徑的M4步槍，以及一些我不認識的北約援助武器。我們今天的任務，就是清理這些步槍，讓這些一九七〇年代後期的老舊武器能夠重返前線，繼續擔負殺戮的重任。

丹尼斯熱心地走過來幫助我們。這位十八歲就加入斯里蘭卡特種部隊的兵團教官受人敬重。他的出場總是佩戴著特種部隊的黑色貝雷帽，軍服的左右臂膀上，無時無刻不掛著烏軍第九十二旅及空降部隊的臂章。

一營的士兵見到丹尼斯，紛紛起立向他敬禮，可見他在前線的資歷有多麼豐富。

我對雷普特說：「如果連白人都這麼尊重他，他肯定是個狠角色。」

雷普特回答：「沒錯。」

丹尼斯隨即坐在帳篷前的台階上，從木箱裡拿出那些滿是泥土的AK步槍，開始擦拭。他耐心教導我們這些對俄製武器不熟悉的外國人，如何正確保養槍枝。

就這樣，我們幾十個人花了三個小時，將所有步槍保養完畢。在丹尼斯的指導下，這些七〇年代的武器被我們擦得油光發亮，就像剛出廠一樣。

烏軍的軍械士官走過來，只看了一眼便說：「合格。」隨後，他們再次將這些步槍裝箱，放回倉庫，準備送回前線。

艾瑞克和丹尼斯都是一營的核心人物。丹尼斯在斯里蘭卡特種部隊享有極高的威望，許多退役老兵響應他的號召，加入國際兵團，並被分配到C連。

十一月，丹尼斯帶著他的部隊前往安德里夫卡[1]執行突擊任務，雷普特跟我則被分配到A連，並在巴赫姆特外圍的另一個村莊待命。

✶

1 安德里夫卡是烏克蘭頓內茨克州巴赫姆特附近一個村莊，因鄰近巴赫姆特這一關鍵戰場而具有戰略意義。二〇二三年，烏克蘭軍隊在反攻中曾短暫奪回安德里夫卡，但戰況持續膠著，雙方多次易手，戰鬥也特別血腥。

安德里夫卡已成為前線的絞肉機。前線部隊的陣亡率高得驚人，士兵的生存時間僅有數小時。自十月中旬起，俄軍開始對此地展開「鉗形」攻勢，試圖包圍並削弱烏軍在城鎮內的陣地，但這場戰役，卻讓他們遭逢開戰以來最慘重的損失。烏軍大批部隊，以及國際兵團第一營，在這裡給予俄軍極大的重創。

這次丹尼斯所屬的C連，在城鎮外圍與敵軍激烈交戰，短短幾天內便損失了一個排的兵力。

我們還在安全屋裡煮飯時，手機群組的通知聲突然響個不停。

「操，丹尼斯死了。」

雷普特低吼：「怎麼回事？才他媽的幾天而已，這怎麼搞的？」

A連的波蘭佬和墨西哥人，你看我、我看他，眼神彷彿一定要知道死亡的真相。

坐在房間角落的比利時突擊隊老兵冷冷地說：「你們這群傻逼，又不是醫生。就算你們知道了又能怎麼樣？你們根本無能為力，冷靜一點，過幾天就換我們執行任務了。」

我們幾名新兵的恐懼，其實都差不多，只是程度不同罷了。不論是我、雷普特，還是隔壁安全屋的老兵，這都是我們共同可能遭遇的命運。

我既不是醫生，無法推測丹尼斯死亡的確切原因；我也不是無人機，能看到戰場上的景象。但如果丹尼斯的死沒有一個明確的解釋，這個謎團就會如迷霧般，籠罩著我的心靈，帶來無止境的恐懼。

我不斷追問新兵營裡認識的斯里蘭卡士兵：「到底發生了什麼事？」他們拿起手機，用翻譯軟體對我說：「潘，快離開這裡吧。這裡太危險了，這場戰鬥根本不是我們這些人能夠承受的，這是一場毫無邏輯的混戰。我們根本無法準備，也無法計畫。」

眼前的景象就是這樣：猛烈的連續砲火、掩護砲火、狙擊砲火。第一發砲彈剛呼嘯而過，下一發砲彈便降臨在你前方的小山丘。我們必須在這樣猛烈的砲火下，不斷進攻、反攻、再進攻、反攻，並且固守陣地。我們移動在敵軍火砲的射程範圍內，大腦充斥著驚恐與疲憊，心中滿是對未知的緊張感。偶然性決定了我們的命運。砲彈飛來時，我們能做的只有臥倒躲避，除此之外，別無他法。砲彈會落在哪裡？地雷埋在哪裡？自殺無人機會從哪個方向，以每小時一百公里的速度撞向我們這群稚嫩的屠夫呢？

在這裡，任何科學都失去了解釋能力，唯一能做的，就是憑直覺去猜測。我無法預測，也無法改變。

斯里蘭卡人繼續說道：「潘，你還年輕，快離開這裡，快離開巴赫姆特，千萬不要進入安德里夫卡，這裡是一座巨大的絞肉機。」

「丹尼斯排上的士兵中彈，他立刻下令隊友掩護自己，然後扔下背包，跑去將受傷的士兵拖回陣地方向。他才剛跑了三十公尺，就踩到地雷，雙腿當場被炸斷。接著，自殺無人機直接撞向他……他就這樣死在我們眼前。」

「你還記得我們的英文翻譯嗎？」

我回：「我知道。」

斯里蘭卡人說：「他就在我們旁邊，被砲彈炸瞎了雙眼，右手也被炸斷，完全找不到在哪。」

「他一直哭喊，我們用盡最大力氣才把他撤回後方。我們二十四小時輪流看著他，防止他自殺。」

自殺無人機、反步兵地雷，以及無盡的砲火，是世上對生命最無情的屠戮。

✶

突擊、突擊、突擊——這個名詞聽來過於冷峻，少了那血腥的殺戮意味。事實上，我們是一支奔赴殺戮的隊伍，但絕大多數的士兵，都死在半路。

作為一支以主動殺敵為任務的「突擊隊」，大多數士兵的命運都是有去無回。相比固守戰壕的防守任務，突擊隊執行的任務，是無法用言語形容的恐怖。

什麼是突擊？那就是殺戮。

不論是潛藏在森林戰壕中的敵軍、占據廢棄城市建築的敵軍，還是窩藏在陰冷、潮濕地窖的敵軍，我們的任務就是找到他們，並殺死他們。當我們殺死他們後，便占領那塊土地。這場殺戮是最血腥、殘忍、毫無人性的作戰。

地雷、坦克、機關槍、手榴彈——這些詞彙雖簡單，卻承載著世界上最真實的殘酷。

國際兵團下屬的三個步兵營（第一、二、三營），其作戰任務基本大同小異，唯一的差別在於語言不同。這些來自數十個國家的志願者，千里迢迢來到烏克蘭，協助這個國家的軍隊作戰。他們說著不同的語言，從英語、西語、俄語，到烏克蘭語。為了解決溝通問題，兵團會將使用相同語系的士兵編入同一建制，統一指揮並下達作戰命令。參與作戰的兵團士兵，雙腳踏過滿是泥濘的黑土地，用四肢翻越殘破不堪的建築，穿梭於陰暗、潮濕又令人恐懼的森林中。半路上，無人得知敵軍是否埋設了地雷。如果踩到敵軍的反步兵地雷，我們的腿會連同膝蓋一起被炸斷。

除了地雷，還有俄軍不間斷的砲火。稍有不慎，就可能被迫擊砲或榴彈砲擊中，炸得粉身碎骨，甚至屍骨無存。此外，天空中還有不斷徘徊的FPV自殺無人機。在這資源匱乏到令人心寒的國家，想要呼叫砲火支援簡直是癡人說夢。我們在俄軍砲火的壓制下，不斷向前推進。

前線的環境讓每個人都神經緊繃，無人能預料接下來會發生什麼事。在通往殺戮的路上，我們似乎早已忘記，我們是去殺人。當我們抵達攻擊發起線後，我們只能等待命令，然後展開血腥的殺戮。

一望無際的平原，可供部隊掩蔽和滲透的環境少得可憐。這場毫無遮蔽的戰鬥，彷彿讓人穿越回二戰的戰場。在市區的十字路口兩側、城鎮外的交通樞紐及重要戰略要地附近，零星散落著幾片小樹林，卻早已被雙方的火砲炸得體無完膚。

儘管這種環境存在於每個交戰區的小角落，但毫無疑問，敵人也必然埋伏其中。想要達到奇襲效果，若沒有大砲、坦克、裝甲車的掩護，簡直不可能。無論是敵人攻擊我們，還是我們攻擊敵人，都是在對方的眼皮底下強攻。

我們蒙受嚴重的損失，因為國際社會並未給我們所戰鬥的區域足夠的火力支援。這個國家的軍隊與前線的士兵，對砲彈的渴求猶如迷失在沙漠的駱駝——儘管駱駝生命力極其頑強，但沒有水源，終究會渴死倒在半路。這一切，只是時間的問題。

敵人擁有蘇聯時期遺留下來的龐大彈藥儲備，來與我們抗衡，不斷消耗我們的資源。一天又一天無盡的戰鬥，已經吞噬了人民與士兵對停戰的渴求。在這無法規劃未來的人生狀態下，唯一能感觸的，只有當下的存活。

我們害怕的是俄羅斯那取之不盡、用之不竭的砲彈。敵人的砲彈如同雨水，滴落在士兵的頭上，也滴落在死者的頭上，積滿整個戰壕，散布在各個角落。

固守陣地、進行防禦，算是一件幸運的事。儘管敵人的砲彈如此之多，但被精準命中戰壕的可能性，總比沒有掩體的平地低得多。不停地向下挖掘，加固防禦工事、構建更完善的掩體，讓我們又多存活了幾日。此時，我們至少還能聞到土壤的味道與砲彈的煙硝。我們祈禱，不要有敵軍的坦克或直升機出現在前方或上空，否則一切努力都將化為煙塵。

我的四肢早已遺忘了疲勞是如何傳遞到大腦。疲勞已深深融入我們的肌肉與神經，成為第一感知，隨之而來的，才是喜怒哀樂的情緒。又是一輪砲擊的洗禮，使我們不得不重新加固殘破不堪的戰鬥位置。如此一來，肌肉又要執行那無限重複的動作。不斷地彎腰、用力剷出多餘的泥土，時不時因砲擊聲而臥倒。我們的肢體只在循環這三件事，彷彿只要換上一身衣服、置身城市工地，我們就成了另一種身分的工人。剛加固完新的工事，遇到雨季來臨時，戰壕往往會被雨水覆蓋。儘管穿著雨靴，隔日水位的高度卻已漫過小腿。看看大家的腳，整個腳掌因長時間泡在泥水中而潰爛，呈現白色、如同月球顆粒般的模樣。

以前，防禦只需在戰壕待上三天，後來是五天，如今是七天，甚至更久。前兩天，我們的大腦尚能思考，直到第三天後，我們彷彿變成了行屍走肉。儘管可以睡覺，卻是兩小時輪替警戒與站哨，從未真正休息。如果沒有香菸，我無法想像我們該如何度過這幾日。看吧，這就是我們親手打造出的生活品質。

我們這個區域的戰壕，簡直爛透了。我格外羨慕第六十六旅的香港朋友，他們那裡連槍聲都沒有。精心打造了兩年的戰壕，不是俄軍的主攻方向。他們甚至可以在裡面洗熱水澡、使用星鏈網路（Starlink），這簡直是我們的夢想。他們的戰壕，已經取代了我對戰鬥的熱忱，成為下次部隊換防的最大期待。我望著前方的空地，心中不斷思考：敵人的坦克究竟會不會朝這個方向開來？

烏克蘭的工兵早已在戰壕前鋪設了大量反步兵與反坦克地雷，並不時派遣無人偵察機與自殺無人機搜尋蓄意進攻的敵軍。

身旁的烏克蘭士兵一本正經地說：「他們若想突破我們的戰壕與防線，勢必需要重型火砲支援。首先，必須炸毀鋪設在戰壕前方的雷區，否則敵軍在接近我們防禦工事前就會受傷。其次，還必須提供足夠的火力壓制，因為面對我們堅固的防線，單靠輕兵器根本無法突破。」

出於禮貌，我假裝聽不懂，但這種基礎邏輯，誰會不知道呢？

前天，隔壁防線遭到俄軍攻擊，他們出動自殺無人機，攜帶炸藥與各式爆炸性彈頭，對戰壕發起衝撞。烏克蘭士兵嘆了口氣說：「他們應該沒有配備無人機干擾器，畢竟這種設備昂貴且極易被摧毀。許多單位的戰壕與防禦陣地，正是因為缺乏干擾器，才頻頻遭到自殺無人機襲擊。」

夜間，自殺無人機因配備熱成像儀，能輕易看到在陣地中的步兵。因此，無人機會在高空投擲各種爆炸性彈藥。如果不想被熱成像儀偵測到，那就必須整夜穿著抗熱成像雨衣。新聞時常播報俄烏雙方攻下了哪座城市，或是占領了哪個區域，但沒有人能夠想像真實的戰鬥有多麼血腥且殘酷。單單是一片樹林，或是一個小小的交通樞紐，交戰雙方為了爭奪，往往會派出突擊隊互相強攻。僅僅幾分鐘的戰鬥，許多年輕士兵就這樣犧牲了。而這一切，只有經歷過戰鬥的人才能深刻體會。

除此之外，自殺無人機的運用，也給前線士兵帶來揮之不去的陰影。這個東西的存在，讓我們能否存活下來，成了依賴機率與運氣的遊戲。

戰場上最令人恐懼的有三樣東西——「火砲、地雷、自殺無人機」。這三者輕則給你帶來一生的永久傷害，可能是斷手或斷腳，重則奪走你的生命。然而，面對自殺無人機，任何人都無能為力。一旦被鎖定，就等於宣判了死刑。

FPV是一種四旋翼無人機的特殊類型。它的極限速度和靈活性遠超普通無人機，飛行速度還可達每小時一百公里以上，並能完成各種複雜的特技動作，如螺旋翻轉、倒置飛行、極速升降等。在俄烏戰爭中，雙方大量使用無人機來追蹤敵軍、引導火砲和導彈進行精準打擊。在Telegram的頻道上，你可以輕易找到兩軍經常發布照片和影片，展示如何利用低成本的自殺無人機摧毀敵方昂貴的火砲和戰車。而最為血腥的，莫過於FPV對步兵的獵殺。被攻擊的士兵，往往會被炸成屍塊和斷肢。

無人機操縱小組由兩人組成，一名負責操控，另一名負責導航。此外，還有一組人員操縱偵察無人機，從高空俯瞰戰場，指引FPV小組行動。自殺無人機的操作員通常位於前線數公里之外的掩體內，戴著VR眼鏡，依靠無人機回傳的影像在空中搜尋敵軍步兵，無論是駐守在空曠地帶，還是隱藏在樹林中的敵軍。

由於烏克蘭的前線多為開闊的平原，步兵在進入交戰區時，往往需要穿越數百公尺，甚至超過一公里的開闊地帶。當自殺無人機操作員發現目標後，會以每小時一百公里的速度直接衝向目標，或是投擲掛載的手榴彈和爆炸性彈頭。通常，被鎖定的士兵要麼被炸成斷肢，要麼被炸成屍塊。當然，也有少數士兵幸運存活，但這往往依賴極大的運氣。

除此之外，無人機還可用於指引火砲定位。一旦步兵的位置暴露給偵察無人機，接下來的數十秒，便會迎來精準的轟炸。面對無人機的俯衝撞擊和火砲定位轟炸，作為步兵，無可奈何，所有的一切只能交給命運。

5.

巴赫姆特前線

——不是我想像中的交戰情況

我不是逃兵，我是殘兵。我沒有輸給戰爭，而是輸給沒有艾瑞克的戰爭。

我是在二〇二三年十一月十日，第一次前往巴赫姆特前線。我是在巴赫姆特的一個安全屋裡，得知丹尼斯陣亡的消息。

二〇二三年十一月十日早上八點四十分，利沃夫營區外，一輛大巴早已等候多時，準備載運我們這些新兵前往前線。所有的一切交給命運了。

初冬的落葉在陽光映照下顯得格外愜意，冰冷的空氣裡，落葉上覆著一層淡淡的潔霜。我深深吸了一口涼冽的空氣，感覺格外清爽。畢竟，平時總是在訓練的路上，哪有時間停下來欣賞、用心體會？這一刻，難得的輕鬆與舒適讓人心曠神怡。

剛從餐廳出來，胃裡已經塞滿了香腸和黃油麵包，這頓飯吃得又飽又滿足。我回到帳篷旁，把行李收拾好後扔上車，然後點了一根駱駝牌香菸。才抽了一半，突然，一股強烈的便意襲來，我叼著菸直奔廁所，開始奮戰。這裡反正沒有煙霧警報器，一邊抽菸、一邊解放，這種感覺真是格外暢快。

此刻，沒有人再管我們，也沒有人在清晨對我們鬼吼鬼叫。我們已經結訓，接下來等待的，就是獲得成為老兵的資格。

我從沒上過戰場，但為了這一刻，我已經等了整整八週。期待與興奮讓我的心臟怦怦直跳。

人類的感官真是奇妙。就在昨夜凌晨，我們才剛經歷了一場自殺無人機的轟炸，其中一發飛彈還精準擊中了一頂帳篷。當時，我被嚇得不知所措，雙腿發軟，可如今，即將奔赴前線的喜悅，竟完全抵銷了昨夜的恐懼與驚愕。

我說真的——昨天的轟炸差點把我們炸成碎片。要不是烏軍的防空機槍擊落了幾架自殺無人機，我們這群外國人很有可能連結訓都沒機會完成。

伊格爾興奮地和畢卡索比手劃腳，討論著即將到來的戰鬥，而多格和蒙塔納則一邊吃著冰淇淋，一邊笑談著什麼。艾瑞克的女友莎蒂亞匆忙地打包行李，檢查著艾瑞克留下來的物品，我們便走過去幫她整理了一下。

這一期的新兵全數被分發到第一營，因此，其他帳篷裡的一營老兵也開始收拾行李，準備與我們一同出發。但這些老兵明顯格外沉默，臉上的肌肉僵硬得擠不出絲毫笑容。

我聽見幾個老兵在私下低聲抱怨：

「又他媽的要回到那個鬼地方，我的天，這太扯了……」

「他們知道自己將被送去哪嗎?那裡根本不是人能待的地方。」

「這真他媽的太瘋狂了……」

我們沒有理會他們，而是扛起行李、背包和裝備，大包小包塞上大巴，準備出發。在離開前，我們每個人都跑去與朝夕相處的兵團教官合影留念。

當巴士單調地擺動著向前行駛時，我透過窗戶望向營區外。那些曾經日復一日對我們嚴厲訓斥、鬼吼鬼叫的教官，此刻卻整齊站在路旁，朝我們行著標準的軍禮。這不是普通的敬禮，而是一種承載著歷史、傳統與重任的儀式。

那一瞬間，我的內心受到了強烈的衝擊。在過去近四年的軍旅生涯裡，從未有過這樣的感受。這種秩序的顛倒，這種難以言喻的情緒，唯有無聲滑落的眼淚回應。

✶

這一路漫長，狹窄的座椅讓人腰痠背痛。我們在巴士上吃著煙燻香腸，偷偷小口喝著伏特加，閒聊著、笑著，聊著聊著，疲憊漸漸襲來，不知不覺地進入夢鄉。車輛穿越一座又一座城市，經過一個又一個烏克蘭的鄉村，最後駛向那片與世界截然不同的烏東地區。

司機告訴我們，車程還需要十個小時。

每當巴士停靠休息站，我們便立刻衝去小便，順便買熱狗和漢堡填飽肚子。到了吸菸區，還沒來得及點燃香菸，烏克蘭的百姓便主動走上前來與我們攀談。他們的善意純粹得令人難以置信，那種真誠就像你這輩子遇過最善良的人，動作和舉止猶如白紙般純潔。面對這些百姓，你甚至無法想像人類的內心還藏著仇恨與邪惡。

我們穿著軍裝坐在大巴裡，駛向前線，但沿途百姓的笑容與揮手，讓人錯覺我們是某支即將出征奧運、為國爭光的隊伍。然而，當我看見那些彎腰駝背、滿臉滄桑的老人緩緩向我們敬禮時，我才猛然想起——我們不是運動員，而是一群即將踏入戰場的士兵。

不知道過了多少個小時，巴士途經哈爾科夫，最終抵達斯拉夫揚斯克。先前一路上的笑聲與談話，在這一刻被突如其來的沉默凝固。沒有人再說話，也沒有人再開玩笑。我們望向窗外，到處都是被炸毀的坦克與裝甲車，廢墟般的街道上，遺棄著破碎的軍用車輛，建築物滿目瘡痍，無人居住，牆上塗滿了「Z」字標記，提醒著這裡曾經是俄軍的占領區。公路上設滿了軍事檢查哨。我的內心，從興奮逐漸轉為平靜。

✶

十一月十二日清晨七點，巴士在一處居民區附近停下。烏軍士兵大聲催促我們快點下車，把行李與裝備放到樹下，並迅速掩蔽到樹蔭下或有遮蔽物的建築旁。

「快！快！快！這裡是前線後方，不要以為這裡很安全！」

「等你們一群人被俄軍的高空偵察機盯上，就等著被火箭彈炸成渣吧！」

「行李全部拿出來！快！速度快點！」

「所有穿軍裝的，別站在空曠地，散開！找地方待著，等等會有人來接你們！」

半小時後，艾瑞克開車抵達。他親自挑選了幾名新兵加入布拉沃第一小隊，蒙塔納、多格以及他的女友莎蒂亞都在名單之內。歷經這麼多波折，這對情侶終於在前線重逢。沒有人嫉妒，只有羨慕。艾瑞克和莎蒂亞相視而笑，眼神中閃爍著難以言喻的情感。我們靜靜地望著這一幕，彷彿在看一場電影般的動人劇情，這讓我們短暫忘卻剛才緊張的氛圍。

布拉沃第二小隊及布拉沃第三小隊分別帶走了一部分新兵，我們彼此握手道別。雖然被分派到不同的小隊，但至少，還在同一營服役。

不久後，A連的長官帶走了我和幾名戰友。我們乘車來到巴赫姆特外圍的一個村莊。這裡顯得異常陰森，砲擊聲幾乎每隔幾分鐘便響起。我們被安置在距離前線八公里的一棟「安全屋」。

然而，這棟「安全屋」，卻絲毫沒有「安全」的感覺。

屋子時不時微微震動，地面不安地顫抖著，偶爾能聽見多管火箭彈接連落地的爆炸聲。這聲音讓人不寒而慄，可在這種環境下，疲憊的神經很快便學會適應。

儘管我們居住在百姓的村莊，但這裡除了軍人，誰都沒有。

考博伊繞著屋子走了一圈，大罵：「幹！」沒水、沒電就算了，那該死的廁所也不知道多少人拉了大便沒沖。堆在那裡的一坨，像座小山，簡直比豬圈還臭。

我找了兩塊木板將其擋住，不讓任何人靠近。說實話，這地方極其骯髒，簡直像人間煉獄。廚房與客廳的縫隙裡滿是老鼠，而且這些老鼠異常巨大，彷彿能把貓吃掉。牠們身上沒毛，模樣醜陋無比。要不是安全屋內禁止開槍，我早就用步槍清剿牠們了。

沒有電，沒有暖氣，我們只能靠睡袋勉強禦寒，但仍然冷得瑟瑟發抖。無奈之下，只能依賴蠟燭微弱的光與熱取暖。

A連的老兵對我們並不友善，總是刁難我們。在這缺乏後勤補給的前線，他們要求我們想辦法將M4步槍清理得像軍用品店展示區的步槍一樣乾淨。

這簡直是在糟蹋人！英國人吉普賽咒罵道：「如果這幫混帳因此要體罰我們，我立刻解約，申請去二營或其他部隊。」雷普特和考博伊紛紛表示認同，畢竟沒人願意大老遠跑來這裡受氣。

早上，我們跟著A連的老兵去打靶，下午則在安全屋進行醫療課程——模擬人類肉體遭受最地獄般的傷害。這樣的訓練無限重複，直到他們信任我們，願意帶我們去前線作戰。

街道轉角處停著幾輛美製M113和M2裝甲車，還有幾輛T-80坦克駛過。對一個軍事迷來說，這一幕無疑是場視覺盛宴。

由於前線的安全屋活動空間有限，為了防止位置暴露，我們大多待在室內看書、滑手機。異常寒冷的天氣，加上無事可做，讓我在下午四點便昏昏欲睡。

正當我躺在溫暖的睡袋中準備入睡時，突如其來的怒吼聲驚醒了我。

「所有人起來！快跑！」隊長大喊。低沉的轟鳴聲迅速掠過，屋內的玻璃瓶與窗戶劇烈震動，彷彿一場突如其來的地震。

一架俄軍米格戰機極低空掠過我們的安全屋，朝前方的烏軍裝甲部隊發射了一枚飛彈。劇烈的爆炸聲嚇得我們連滾帶爬衝入地窖。

考博伊喘著氣說：「我們真他媽的走運！還好這架戰機的目標是烏軍裝甲部隊，而不是我們。不然今天我們全得去見上帝了。」

夜晚，前線實施燈火管制，周遭一片黑暗。偶爾可以看到曳光彈交錯升空，試圖擊落俄軍的自殺無人機，而火箭彈紅色的尾焰在黑暗中格外顯眼。

十一點，輪到我站哨。A連的老兵叮囑我：「隨時注意不要把手指放在M4的扳機上，這是為了保護你和其他人，不要隨意開火，懂嗎？」

我回答：「沒問題，祝你好眠。」

我坐在安全屋的階梯旁，點了一根香菸，靜待兩小時後換人。

此時，安全屋前方一輛車開著大燈衝過來並急停，隨後又掉頭急煞。我嚇得扔掉了香菸，並將步槍瞄準那輛可疑的汽車。

巨大的煞車聲驚醒了安全屋所有人，我問道：「這名駕駛是在幹麼？」

我緊接著又問：「隊長，我現在要做什麼？回報A連指揮官嗎？可是我沒有對講機。」

隊長大吼：「潘，殺了他！快，開槍！」

搞什麼？要我殺駕駛！這裡不是前線後方嗎？距離交戰區還有八公里遠，怎麼可能有俄軍？我如此回應隊長。

隊長從窗口瞄準汽車掉頭的位置，冷冷地說：「難道要等手榴彈或火箭彈飛進來時，你才會開槍嗎？」

面對無法掌控的情況，最好的辦法就是不要猶豫，直接開槍。

媽的，這到底是怎樣？

這根本不是我想像中的交戰情況！我的額頭滲出冷汗，我大口喘息，試圖讓自己冷靜。我深吸一口氣，將M4瞄準鏡對準駕駛座，準備扣下扳機……

就在這時，一名A連的法國士兵大喊：「不要開槍！那是烏克蘭士兵，他只是喝醉了！」

他媽的！差那麼一秒，我就要誤殺一名烏克蘭士兵。我立刻將子彈退出槍膛。那一刻，我終於體會到，要對一個鮮活的生命扣下扳機是多麼煎熬。幸運的是，正是我的猶豫，才避免了這場悲劇。

✶

經歷了這驚恐又荒謬的一夜，清晨，我們被召集到會議室。A連長官宣布：「各位，B連三個排的任務暫時取消，從現在起，我們要隨時做好準備。接下來，換我們了。」

他停頓了一下，補充道：「……另外，我知道你們有些人是艾瑞克的好朋友。對於他昨日的不幸，我感到十分遺憾。請節哀。」

這消息，如同一顆子彈精準擊中我的內心——艾瑞克在昨天執行任務時被殺了，地點正是丹尼斯犧牲的安德里夫卡村莊。

搞屁啊！戰鬥經驗如此豐富的布拉沃第一小隊隊長，怎麼可能第一天就掛了？除了悲傷與沮喪，最可怕的是信心的崩潰，那種感覺，像是水晶球摔碎在地上。如此有能力戰鬥的人都能在一天內死於前線，那我還能有什麼生存的希望？

B連的朋友告訴我，艾瑞克的小隊於凌晨兩點半執行夜間突擊任務，但艾瑞克在半路上踩中了地雷。他當下非常冷靜地用止血帶綁住腿部並加壓，嘗試行走。但幾番嘗試都失敗，隨後他用對講機向總部回報，說他沒事，只是無法走路，但是小隊必須取消任務。

總部回覆：「收到，准許撤離。」

其餘隊員將艾瑞克放上擔架，開始撤離。但地雷的爆炸聲響驚動了山丘上的俄軍，俄軍朝艾瑞克的擔架發射了一枚反坦克飛彈。該死的飛彈直接命中艾瑞克的擔架和攙扶他的隊友。艾瑞克當場死亡，搬運他的隊友一人被炸成屍塊，另一人則被炸掉了半顆腦袋。

無線電裡傳來的聲音充斥著槍聲與爆炸聲，哀嚎與吼叫在房間內不斷迴盪。B連的小隊與俄軍在村莊激戰，直到天亮。

在街角掩護射擊的蒙塔納被一架俯衝而下的自殺無人機炸成重傷。儘管四肢完好，但他的臉被炸開了一個駭人的大洞。

不久後，一營的快速反應部隊（QRF）趕來支援，並撤離了B連的傷兵。此時，艾瑞克的女友正在後方總部，透過無線電，親耳聽著一切發生。她的朋友紅著眼對我說：「你知道她當時有多難過嗎？她才剛見到艾瑞克一天，這輩子卻再也見不到他了。」

我不是當事者，但我完全能理解失去摯愛的感受。對於這名女孩而言，她付出了太多、犧牲了太多，卻被剝奪得如此徹底。為什麼死去的偏偏是艾瑞克？難道上帝就不能憐憫這對愛人，選擇犧牲別人嗎？

艾瑞克的愛情是偉大的，他的女友是值得所有人敬佩的。但戰爭對生命的剝奪，是極度殘酷的。

一個女人愛上一個戰士，是幸福的，因為戰士是男人當中最堅強的象徵。但愛上一個戰士，也是危險的，因為戰爭的結果，最終由戰士的愛人承受。

✶

沒了艾瑞克，我徹底沒了勇氣。艾瑞克對我而言，不只是軍事上的「上級」，而是精神上的「依託」。那不是兄弟情、也不是盲從，而是一種「戰場信仰」的寄託。我跟著他，就像一名士兵跟著一尊活著的戰神。如今戰神死了、信仰也塌了，我的腳再也無法往前走一步。我已無法戰鬥。

我曾是一名心靈跟隨艾瑞克的士兵。他不只是我們的指揮官，更像是這群失根漂泊的外籍志願者的靈魂支柱。他沉穩、堅毅，話語不多，卻總能用一個眼神讓我們相信——我們不是在白白送命，我們是在做對的事。

但我錯了。

戰鬥尚未開始，事實卻已經結束，而且是用最殘忍的方式寫下結局。

艾瑞克死了、丹尼斯死了、拉格納死了、多格死了、席耶拉死了……

他們死得那麼決絕——再也沒說一句話，也沒有給我們任何預警，就像戰場上的一枚煙霧彈，一閃而過，然後整片世界陷入失焦的靜默。

我再也無法相信這場戰爭了。

當我們從巴赫姆特的村莊撤回，夜色下的土路被坦克履帶壓得支離破碎，我的心也是。

我沒告訴任何人，甚至沒跟紐約說，我的腦子裡只有一個念頭：我要離開這裡。不是因為害怕死亡，而是因為我再也找不到為誰而戰的理由。

我想過，也許是我太軟弱，也許是我不夠堅強。但真相是：他們都死了……我也隨他們一起崩塌。

我回到營地，遞出了解除合約的請求。手在發抖，心跳得像戰場裡砲擊前的寂靜。沒人責怪我，因為每個人眼裡都藏著破碎的心。我不需要多說，他們知道。

我搭車回到波蘭，再搭機回到台灣。當飛機穿越雲層的那一刻，我沒有如釋重負，也沒有感激自己倖存——我只感覺身體在逃離，而心還被留在東歐的泥濘裡。

有人說，戰場最難熬的是冷、是餓、是砲火。我說，不，是「失去」。真正的失去，不是死掉一個人，而是你活著，卻再也無法相信任何東西。不是不想戰鬥，而是你內在的火焰被連根拔除。

我不是逃兵，我是殘兵。

我沒有輸給戰爭，而是輸給沒有艾瑞克的戰爭。

6.

回到台灣

——為什麼你可以一副沒事的樣子？

你們高談自由，大喊民主，講得頭頭是道，卻喝著咖啡，安然無恙，無須承擔任何責任。

二〇二二年，我二十一歲，從中華民國海軍陸戰隊退伍後，我雙腳踏入了大學的課堂，感謝時間的流逝，終於從軍隊中解放。帶著動物般的欲望和對外界的好奇，我就像一匹脫韁的野馬。

酒吧、夜店、大麻，取代了單調的課堂，課堂只有冷冷的白色燈光，但是夜店的燈光卻五光十色讓人不禁著迷。過量的酒精讓我失去方向感與重量，整個人輕飄飄的就像棉花糖。大麻的作用讓我感覺世界變得好大，一切事物都在此刻放大，我的眼睛像放大鏡般可以直視月亮。

對於性格內斂、不善交際的人，如果把他推向這樣的酒池肉林，我相信他會迎來一種全新的成長。我們先撇開由知識帶來的成長不說，因為那樣的成長只是擴展了人的腦容量。

退伍後的日子，我吃飽睡、睡飽吃，無聊時就跑去酒吧喝酒或唱歌，並在男男女女的世界裡尋找目標。那時的我完全不懂什麼叫「認真談戀愛」，唯一與女孩發生的事，就是在夜店裡接吻和摟抱。她不認識我，我也不認識她。隨著音樂和酒精的催化，物理距離總是迅速拉近。若幸運一點，當天晚上就能有所謂的「科學大發現」。

這是一種奇妙的關係。若雙方有好感，就會有後續發展，甚至可能「轉正」成為男女朋友；如果感覺不對，日後便不再聯絡。這樣的關係在我的生活中多到數不清。

年輕人的世界裡，常用比較低俗的詞彙來形容這樣的情況，比如「砲友轉正」。當別人用這個詞來談論我的兩性關係時，我只是笑笑地聽著。

因為頻繁與不同的女生接觸，我很快被冠上了「渣男」的外號。至於這是稱讚還是批評，我當時並不在意。唯一確定的是，那段時間的我確實極度墮落。我交了無數任女朋友，但沒有一段關係能維持超過半年。這樣的生活持續了一整年，滿是頹廢與迷茫。

刺激的性愛與藥物的快感，這究竟是什麼？放縱地活在當下。文明與理性的智慧極力避免人們追隨生命中那惡魔的召喚，走向墜落的道路。然而，如今我的雙腿已經深陷泥淖，無論如何，我都無法脫身，直到二〇二三年九月，我去了烏克蘭。

✶

二〇二四年初，我從烏克蘭戰場回到台灣，再次踏進校園，卻再也回不去之前的生活。

四周的場景再熟悉不過，一切就像昨日重現。曾經，我對戰爭一無所知，但如今，那些殘酷的畫面卻占據了我的全部記憶。此刻，唯一值得慶幸的，是我沒有參與丹尼斯那場有去無回的突擊任務。熟悉的課堂，還有那位說教者的教導，依然在我耳邊迴盪。但我的心，早已停留在另一個國家。不知不覺中，我發現，曾經堅不可摧的那顆心，如今變得更加脆弱了。

下課鈴聲響起，猶如雙方砲火的暫停。學生緊繃的大腦此刻終於獲得解放，然而，我卻已無法適應這個安逸的地方。這裡，對我來說，已然成為一個陌生的世界。

同樣是英語課堂，唯一缺少的，是戰友間熟悉的哈哈大笑。取而代之的，是那枯燥的文法，還有教師講授的那些由英文單字拼湊而成的無聊對話。學校裡的學生仍在絞盡腦汁學習英文，但在我看來，這一切毫無必要。

所有人對我問東問西，我會不知道他們在幹麼嗎？

同學們只是想用這個話題當作八卦閒聊，他們沒有錯。但對我而言，那些悲痛般的回憶，應該被遺忘。滯留在我腦海中的片段，成了一片片尖銳的玻璃，不斷刺痛著我的心。

似懂非懂的言語，他們對我的回應就是那樣。這些人，沒有一個能用心去體會、用生命去感受。

巴赫姆特那個村莊，將過去的我與現在的我徹底分隔，置入兩個不同國度的戰壕。而情感與愧疚的感受，如雨水般滲透至腳下，形成泥濘，黏稠猶如深刻的思想，牢牢束縛著我的雙腿，無論我多麼努力，都無法挪動分毫。

燈紅酒綠的城市夜晚，有無數繽紛色彩，然而無論如何欣賞，都無法超越前線那道紅色火箭尾焰的壯麗。我抬頭望見星際與銀河，彷彿兒時的童話，但如今，城市的喧囂已掩蓋了夜晚本應有的寧靜與美好。

砲彈與火箭彈從我們頭頂呼嘯而過，像獅子發出威嚇的怒吼，凝視著人類。一群擁有世上最聰明頭腦的科學家，在工廠裡不斷製造鋼鐵巨獸，並將它們送往前線，進入那無情的絞肉機。它劃破空氣，帶著工業巨響朝我們的位置飛來，而如今，我卻回到了這群生產者的發源地。

我看著那本色調單一、厚重的教科書，不禁感到厭惡，無論怎麼翻來覆去，都無法激起一絲興致。我的心早已宣告，曾經對它的研究熱情已經死寂。要知道，一個三十發五點五六彈匣的價值，遠遠超過我書櫃上那一整排的經典讀物。戰爭的殘酷，徹底摧毀了我曾經信奉的哲學思想。

我也想在這裡，把回憶拋在腦後。但另一半的我，卻感到窒息。那狹小的辦公室，和數十人共享的教室，就能填滿一個完整的青春嗎？我想把這個狹小又安逸的世界，像水晶球一樣狠狠摔碎。正當前線的砲火不斷炸向我戰友的戰壕時，我在這裡做什麼？當我曾經的隊友在交戰時中彈，急需掩護並撤離時，我又在這幹麼？

我的心在躁動，我的心質問著我——為什麼你可以一副沒事的樣子？

✶

對不起，艾瑞克，這一切太糟糕了。

砲彈直接炸毀了我勇敢參戰的決心。我只是個毫無力量的窩囊廢，每一位與我握手道別的朋友，都因戰鬥而天人永隔。我無法適應那種熟悉的朋友突然離世的感覺，但我卻什麼也做不了。安逸的課堂彷彿在懲罰我的心，讓我感到自己是個罪人。即使神聖的教堂給予我最真誠的告解機會，也無法撫平內心深處那種無法釋懷的罪惡感。

深夜夢中，我的眼前出現了一張木桌。它豎立在前線被摧毀的建築角落，上面放著一本如聖經般厚重的政治學教科書，旁邊擺著一把滿是血漬的M4步槍。

究竟是高談闊論，還是拿起步槍戰鬥，夢中的我猶豫了許久。

我感到寒冷，四周的殘破建築不斷漏風。外面煙霧瀰漫，但我彷彿看到艾瑞克全副武裝，站在角落。

我知道該做什麼了！去他媽的觀察、實驗、假說、理論，那一切只是形式上的重複，所謂的科學方法解釋世界，但沒有任何理論能阻止砲火連天的前線。

相較於拿著課本、從不沾血的文人，我們這群屠夫反而更有人性可言。這些文人的理論或許能幫助我們解釋某些事件，但我們的心靈無法與之建立真正的聯繫。他們要真有才能，應該融入情感與人性，唯有如此，才具有真正的意義。

要想改變一套解釋世界與阻止悲劇的理論，那就像對魔鬼背誦聖經一樣困難。他們就是這樣，一成不變，永遠嚴肅，而改變的地方只有戰場。

你們高談自由，大喊民主，講得頭頭是道，卻喝著咖啡，安然無恙，無須承擔任何責任；而另一個談論同樣話題的人，卻早已埋入黑土。那些士兵和前線血腥的戰鬥，雖然只出現在教材的某一頁中，但他們是活生生的人，直到因戰鬥而死，成為統計圖表上的一個數字。政治學和國際關係等社會科學，往往在討論中忽視一個最為重要的課題——生命。

看看課本右下角那張照片，它在傳達什麼？

戰爭！

任何人都知道戰爭。

還有什麼？

躲避砲擊！

僅此而已。大家看到的，僅此而已。

太陽升起，夜幕降臨，砲彈落地，年輕的你失去了生命。但在教材當中，無人知道這其中的意義。在學習這些學科之前，我們應該先直視這個血淋淋的世界，而不是僅僅等待文字在黑板上填補空白。

安逸的環境、不受戰爭脅迫的國家，無論是學生、教授，還是政治人物，在討論政治與國際關係時，往往將其視為大國政治的博弈。與其說是博弈，不如說是一場遊戲。在書本、課堂、研究室中，這是一場邏輯思維的較量。但在真實世界裡，人們卻在寒冷的地方彼此廝殺。人們不知道書本裡談論的真實世界究竟是什麼樣，而世界真實的樣貌呈現在書本上，卻難以與人的心靈相連結。我感到失望，卻不知如何表達。

戰場上的敵我兩方依然在廝殺，而我們卻喝著咖啡，看著螢幕，分組討論，講述著那個世界的一切，並爭論哪一方的意識形態才是對的，誰的行為才是正義的。該死的感受，這種不負責任的感受。我知道這不是屬於我的戰爭，但我為冷酷的學術環境感到自責，我極度想要脫離並回到那熟悉的黑土地上。

叔本華說得好：「不加思考地濫讀或無休止地讀書，所讀過的東西無法刻骨銘心，其大部分終將消失殆盡。」一次又一次的死記硬背與苦讀，誰能將這些東西帶入自己的心靈呢？

我的無知讓我見識了現實，但這還不夠。因此，我要回去烏克蘭、我要回到兵團。這次，我一定要參與一場血淋淋的戰鬥。

雖然我害怕死亡，也深知死亡的可能性，但這次的我對待戰爭已經不是停留在想像的層面，而是經過深思熟慮，準備面對一切。

我知道，值得驕傲的事，都是難做的事！這也是為何我始終追尋痛苦且真實的生活感受。

7.

再次奔赴烏克蘭

——我要回到我熟悉的地方

「榮耀歸於烏克蘭。」「感謝你們挺身而戰。」

二〇二四年四月，我的大腦置身於艱難的學術戰場，星巴克的空調依然無法讓我躁熱的身體感到一絲涼爽。我點了一杯飲料，想要享受那甜甜的美好，但後凱因斯主義經濟學那艱澀的理論讓我覺得一切都是苦的。

我忘記給手機開勿擾，當我讀著、讀著，螢幕突然顯示陌生的電話。

我沒有猶豫，直接接了起來，萬一不重要，直接掛掉就好。

但電話那頭傳來一個聲音：「嘿，你好，文揚，我也是在烏克蘭服役過的志願兵。我叫阿達，想問問你有沒有興趣加入第二營？我聽說你已經回到台灣了！」

我猶豫了一下，問道：「你現在在烏克蘭，還是台灣？」

阿達回答：「我現在還在烏克蘭養傷，不過不久後會回台灣休養。我們到時候見面聊吧。」

我們都住在高雄市同一區，因此我跟他約在學校旁的星巴克。半個月後，戴著口罩、一瘸一拐的阿達出現在我面前。

「你還好嗎？看起來不太妙啊。」我問。

阿達說：「斯拉夫揚斯克那邊太誇張了！我們天天被炸，我的腳已經治療一個月還沒好，我看乾脆回台灣好了，這裡醫療品質比較好。」

「沒錯。」我說。

我又問：「你是在什麼單位服役啊？」

阿達回答道：「一〇八旅，但後來我跟我朋友去二營C連，那裡朋友稍微多點。」

他是在烏克蘭武裝部隊一〇八旅服役時被炸傷的。當時，他的腿因砲擊導致骨膜破裂，隨即被撤離前線。他順手拿出了一張與澤倫斯基在醫院的合照給我看！

我看著那張照片，心想：阿達這個英文不好的台灣人，竟然能跟烏克蘭總統合照。要知道，見到澤倫斯基的難度堪比考上台大。但這樣的幸運卻偏偏降臨阿達身上，對於他的運氣，我認為他很適合出入賭場。

我們一邊喝著咖啡，一邊分享彼此在烏克蘭的經歷。經過短暫的閒聊後，我們當天便各自返回自己的住所。

此時的我，依然專注於學校的課業。被學分壓得喘不過氣的我，不斷向他抱怨：「比較政治、美國政治、國際關係……還有一堆學分要補！我快要爆炸了！我好想做一些有意義但又不浪費時間的事。」

經過一段時間的休養，阿達的傷勢已經恢復得差不多。他詢問我能否充當他的英語翻譯，幫助他向長官表達重返烏克蘭的念頭，並協助處理民間給予烏克蘭軍方的援助物資。我花了些時間幫他處理好相關程序。

接下來，我繼續埋首於課業中，但心中卻無法擺脫那個堅定的念頭——我想回到烏克蘭作戰。我發現自己逐漸失去日復一日苦心鑽研學問的動力，不知為何，我依然無法擺脫曾在烏克蘭的那段時光。

對於我這個二十幾歲的大學生而言，我的世界裡只有父母、女朋友和學校。然而，這一切對我而言並沒有太大影響。在這個情感極易動搖的年紀，女朋友似乎只是一個相互陪伴的對象罷了。除此之外，我一無所有。我們的思維唯一能延伸到的領域，無非就是不斷讀書——讀到碩士班、博士班，或者畢業後走入社會，找份工作。

我時常想起艾瑞克隊長說過的話，也時常憶起與拉格納相處的時光。看著房間衣櫃中他送的那件不符合我身材比例的超大外套，我便熱淚盈眶。此刻當下，唯有這些沒有經歷過戰爭的人可以跳過戰爭思考，但那些在前線的士兵、我熟悉的朋友卻站在生命的邊緣。

我必須回去陪他們，因為在夢裡，我站在艾瑞克面前，堅定地拿起那把滿是血跡的步槍。我早已做好了接下來的決定。

我討厭每天在鏡子面前為穿著困擾，相比之下，我更喜歡穿著防彈背心，拿著槍、頭戴鋼盔、叼著菸，拿命直奔火葬場。

我要離開學校，回到我熟悉的地方。但為了防止家人發現，我請阿達幫我訂了機票。由於資金有限，我們選擇了廉價航空。學期的尾聲，我對母親撒謊，說整個暑假需要留在學校補學分，實際上，我已經整裝待發，準備再度前往烏克蘭。

★

二〇二四年七月三日，我與阿達身穿軍裝，出現在桃園機場。先前的台灣志願兵聯絡了一些記者，希望藉由這次在台灣的最後一刻，記錄我們此行的目的與想法。

我對記者的安排有些猶豫，低聲問道：「這樣是不是太招搖了，不太好？」

但另一名志願兵（先前曾服役於烏克蘭四十九旅的一名台灣志願兵呂子豪）說：「如今的烏克蘭局勢非常不樂觀，俄軍在前線已取得重大捷報。這次採訪是為了萬一我們出了事，至少還能留下最後的身影。」聽完他的話，我沒有多反駁，只是簡單對記者說了幾句話。隨後，我們趕去辦理托運行李和登機手續。

當時，整個機場只有我們兩人穿著軍裝。不明就裡的人或許會以為我們在Cosplay。就這樣，三個小時後，我們抵達泰國機場準備轉機。這時，許多朋友發訊息提醒我，泰國是軍政府掌控的國家，我們穿著軍裝抵達，可能會遇到麻煩。然而，我們沒有攜帶其他可更換的便服，只能繼續穿著烏克蘭軍隊的制服。

一下飛機後，我們自行轉運行李，果然，泰國軍方攔下了我們，並詢問此行目的。我鎮定地回答：「我們是國際志願兵，正前往烏克蘭前線作戰。」聽到我的回答後，泰國軍方突然一改嚴肅態度，面帶笑容與我們握手，感謝我們的勇敢與正義。他們甚至請了兩名警察幫我們托運行李。

在等待轉機的空檔，我與阿達走到機場外抽菸。一些泰國百姓，甚至包括一位正在清掃機場的泰國清潔阿姨，都對我們說：「榮耀歸於烏克蘭。」當下，我的內心充滿了驕傲。

這套軍裝所代表的意義在此刻被無比放大，因為就在這片亞洲的土地上，竟然有這麼多人支持我們。接著，我們繼續轉機飛往義大利米蘭，這是我們的倒數第二站，下一站就是波蘭機場。

抵達米蘭後，我們依然身穿烏克蘭軍隊的迷彩服，一下子就成了機場的焦點。許多外國人主動走過來，對我們說：「感謝你們挺身而戰。」在米蘭機場，我們遇到不少烏克蘭人。其中幾位十幾歲的孩子，拿出他們僅有的零用錢，幫我們買了巧克力。而一些年長的烏克蘭人，則強行把一百歐元塞到我們手中。當我們準備與烏克蘭人告別時，兩名烏克蘭同胞甚至忍不住流下眼淚。

這種情緒與支持，讓我更加堅定自己的決定：回到那片陌生卻又熟悉的土地，繼續為它而戰。

✶

經過兩日的飛行，我與阿達抵達了利沃夫。這座城市與我有著深厚的感情。我曾在此地結識許多戰友，也在這裡與他們分別。看著熟悉的街道與巷弄，我不禁眼眶泛紅，因為這座城市是我與他們最後的離別之地，而這一別，就是一輩子。

當我走到熟悉的披薩店，回憶湧上心頭，我記得曾與挪威的戰友一起在這裡聚餐，而他最終犧牲在頓內茨克。當我路過街角的酒吧，彷彿又看到當時的我們，圍坐在一起喝著啤酒，開朗地大笑。

如今我回到了這些地方，但已經找不到當時的夥伴。許多人已經在前線犧牲，許多人離開了這個國家。對我而言，這座城市的情感羈絆，勝過台灣的所有城市。

街道依舊繁華，小巷依舊熱鬧，絲毫感受不到國家處於戰爭中。與前線相比，這裡彷彿是兩個世界。只有對志願兵的心靈而言，這座城市才有特殊的意義。

看著烏克蘭最古老的大學和著名的利沃夫歌劇及芭蕾舞劇院，我不禁感嘆，許多歷史悠久的建築和深具意義的歷史遺跡，已在這場戰爭中被破壞殆盡。

經過短暫的停留後，我們搭乘計程車返回曾經受訓的地方——國際兵團第四營。阿達半路上花了一大筆錢，為還在訓練中的新兵買了六片熱騰騰的披薩。抵達營區時，我們看到熟悉的西班牙教官，他非常開心地過來給我們一個大大的擁抱，因為他沒想到我們還會回來，繼續為兵團和烏克蘭的土地而戰。

8.

再回國際兵團

——我們不是傭兵

這世上，還有什麼比為自己的理想與價值觀而戰更美好的事？

二〇二四年的暑假，我再次離開台灣，踏上那片熟悉的黑土地上，再度成為國際兵團的一員。

利沃夫訓練營的建築老舊殘破，這座蘇聯時期遺留下來的軍事基地，除了餐廳經過細緻裝潢外，其餘一切都充滿歲月的痕跡。

曾經，我的寢室位在二樓，靠近醫療站旁的小房間。每當早上訓練或下午回營時，踩上那不知經歷多少歲月的木階梯，總是喀喀作響。

整排二樓只有一間廁所，地上的排水孔早已被淤泥與垃圾堵死。牆壁年久失修，不斷漏水，蹲在那裡上廁所還要被雨水淋濕，讓人不禁惱火。這兩間廁所被六十多名士兵共用，髒亂無比，散發出令人作嘔的惡臭。我寧可冒著被蛇咬屁股的風險，蹲在樹林裡大便，也不願坐在這骯髒的馬桶上忍受這一切。

食堂的伙食讓人難以下嚥，每天都是一大桶黑色的鵝肝和水煮香腸，運氣好時，頂多能吃到小米粥配上一根雞腿。有一次，我連續拉了三次肚子，因此每餐都跑去營區衛兵旁的餐車，買能量飲料和微波馬鈴薯，偶爾還能買到微微發酸的漢堡。儘管這些價格高昂的垃圾食品味道也不怎麼樣，但至少比食堂那些可怕的飯菜還要可口。

一天凌晨，我們在森林裡與一營的士兵進行對抗訓練。清晨訓練結束，大家早已疲憊不堪。我走進廁所，想洗把臉提起精神，畢竟待會還要去靶場射擊。洗手台早已龜裂，陽光穿透窗戶映照在我臉上。我望向鏡子，但彷彿已經不認識鏡中的那個人。我不斷問自己——我是誰？我到底是誰？

在二〇二三年九月第一次進新兵訓練營的時候，有一個週六的晚上，格外輕鬆，伊格爾和其他人都去市區旅遊放鬆了。距離這個月發薪水還有一週，對於我這個沒有多少存款的窮學生來說，去市區住星級酒店有點奢侈，因此我只能待在軍營裡滑手機、看影片消遣，或者和幾名留守的弟兄閒聊打發時間。

這時，我的ＩＧ突然跳出通知，我的同學傳來訊息：

「文揚，你怎麼跑去烏克蘭當傭兵？」

這條訊息讓我震驚又疑惑，傭兵？我們千里迢迢來到這個國家，是以志願兵的身分參戰，拿的跟烏克蘭本地士兵一樣的薪水，何時變成為了金錢賣命的傭兵？

我沒有立即回覆，而是開始在網路上查閱國際社會對我們的評價與稱呼。

不查還好，一查嚇一跳。

新聞標題滿是「北約傭兵與俄軍前線激戰」，還有人說我們是納粹、法西斯主義的極端分子，一堆傳言將我們描述得宛如恐怖分子般邪惡可怕。

對於中國、俄羅斯這類共產國家將「傭兵」這個標籤貼在國際兵團身上，我倒是能理解。但如今烏軍的各部隊中，許多單位都有來自英語、法語、西語系國家的外籍志願兵。我們所談論的「國際志願兵」，其實涵蓋了來自全球各地，為支持烏克蘭而參戰的外籍士兵。

如果按照那些媒體的邏輯：只要不是烏克蘭人，參與前線作戰的外籍士兵，統統都是傭兵？說我們是「納粹法西斯傭兵」、「北約傭兵」、「極端民族主義者」……這些說法不僅荒謬，還嚴重誤導大眾。我感到憤怒，卻無能為力，因為無法改變外界的看法。

到底什麼是傭兵？國際兵團和傭兵有什麼區別？

正當我大聲與隊友談論這個問題時，上鋪的德國人多格突然說：「潘，冷靜點。這些問題對於那些把戰爭當作足球比賽觀賞的百姓來說或許很重要，甚至成為他們茶餘飯後討論政治的話題。」

「但看看我們吧。我們在前線能有幾天時間活著思考這些問題？」

坐在沙發上擦槍的蒙塔納接話道：「我們被怎麼稱呼，只有對俄羅斯人才顯得特別重要。他們抹黑你，給你冠上納粹或法西斯傭兵的名號，目的只是因為你是他們的敵人。難不成他們要讚揚你千里迢迢來前線殺他們的勇敢嗎？」

多格則說：「永遠要讓你的敵人遭受唾棄，讓他看起來無比醜陋與邪惡。」

說得沒錯。

我們的信念、思想、待遇都不值得深究，這並不是因為我們不在乎，而是因為我們不知道自己還能活多久，未來是否還有機會表達自己的想法。既然如此，那就讓俄國人「一視同仁」，將所有在烏克蘭服役的外籍志願者都視為傭兵吧。

如果你一定要問我的立場，我會回答：我參戰，是因為我相信烏克蘭的正義立場。儘管我對奪去敵軍生命感到矛盾與愧疚，但我始終堅信，加入烏克蘭軍隊，是正確的選擇。當你問那些有堅定信念的志願兵：「你為什麼戰鬥？」

你可能會聽到我已逝的隊長艾瑞克這樣回答：

「這世上，還有什麼比為自己的理想與價值觀而戰更美好的事？」

這，才是我們與傭兵最大的不同。

✶

這裡的大多數外國人，在加入兵團之前都有不錯的生活。阿達是水電師傅，在台灣一個月能賺六、七萬；林克斯在德國是電腦工程師，每月收入數千歐元；佛克希曾是德國傘兵，身手矯健，總是以最快速度穿梭於森林。而我是名退伍軍人，正在大學就讀。

我曾經的隊長艾瑞克，在美國是當法警，每天在法庭遞交文件；雷普特在馬來西亞擔任押運員；拉格納和我一樣，都是休學來參戰的大學生。

我們到底是誰？我們為何而來？我們為何戰鬥？

這裡的薪水，或許對南美洲的退伍士兵來說很高，但對西方與亞洲國家的志願者而言，卻毫無吸引力。

每當我們在前線陣亡了一名隊友，俄國人便會在Telegram上刊登他的照片與資訊，在臉上劃一個大紅叉，寫道：來自某某國家的納粹法西斯傭兵，陣亡於……

要如何解釋這群不屬於烏克蘭但卻為這片土地戰鬥的外來者？如何讓一般人理解，為什麼我們選擇參與一場看似與己無關的戰爭？如何解釋這個荒謬的冒險精神？為了自由、為了民主而參與戰鬥？

理性總是追求清晰與確定，無論是在工作中還是學習上。然而，人類的天性卻傾向於神祕與未知的不確定性。這種天性是否普遍存在於所有人身上，我無法確定，但對於每一位拿起武器的志願兵來說，這幾乎是共通的。我們的內心深處蘊藏著許多由天性驅動的衝動：冒險、勇氣、大膽，甚至盲目的莽撞。

循著理性，我們被教導：努力讀書、認真考試、持續學習，找到一份穩定的工作，結婚生子，孝順父母，並為社會做出貢獻。這是一套由理性規劃的形式邏輯，一條看似安穩的人生道路。但是，看看宇宙吧！如果人類沒有天性，那該是多麼可悲的事情？除了沒人登上月球，或許連奧運的精采項目也沒有了。我不喜歡輕易將自己參與戰爭的動機與「自由」或「民主」掛鉤，但我深知，是理性與天性的交錯，引導我走向一條截然不同的道路。

無知的人總是將我的動機與「為捍衛自由和民主」綁在一起，但這只是外界的解釋。我雖不反駁，但我自知自己並不偉大。我只是一位正在念書的大學生。但我離開大學來到烏克蘭，肯定不是為了錢。因為僅僅這些錢，是不值得用生命來冒險的。

在戰爭初期，那遙遠的前線上，重大的任務多由烏克蘭軍隊承擔，國際兵團在戰鬥中僅扮演小配角。在烏克蘭高級軍官眼中，這些千里迢迢來參戰的志願兵中，許多人從未經歷過猶如人間煉獄般的烏東前線。要將保家衛國的重任託付給這群毫無經驗的外國人，無異於癡人說夢。

二〇二四年七月，我第二次來到國際兵團，戰爭已經邁入第三年，何時結束無人知曉。再嚴謹的政治學分析與推論，也不比前線士兵的存活來得重要。隨著烏克蘭武裝部隊在前線交戰、消耗殆盡，國際兵團逐漸成為戰爭的主角。無數志願兵被派駐前線，執行最危險、最艱鉅的任務。這群來自世界各地的大男孩，如今成為這場戰鬥的先鋒。這就意味著我們這些志願兵和烏軍一樣，都冒著同樣的危險。

無論是烏軍還是志願兵，一旦進入交戰區，死亡的機率都相同。砲彈、自殺無人機和地雷不會區分國籍與膚色。只要是俄羅斯的敵人，我們的生命，就是他們想方設法殲滅的目標。曾經在訓練營睡我隔壁上鋪的是一位二十出頭的德國大男孩，多格。他對香菸可謂又愛又恨，每次說吸菸多不好，卻總是忍不住向我借一根。每當抽完菸後，他總會讚嘆這根香菸的味道有多美妙，完全忘記自己剛才還在抱怨。他留著饒舌之神阿姆的短髮，但所有舉止卻透露出一種受過高等教育的優雅。作為一名優秀的步兵他完美到無可挑剔。然而，他在一營布拉沃小隊的突擊任務中，於準備撤離戰壕時被一發迫擊砲擊中左胸，彈片掀開了他的胸膛和左頸動脈。他失去呼吸前跟隊友說的最後一句話是：「我要死了。」

如果世界真的關注這場烏克蘭的大悲劇，或許應該邀請所有人走進戰壕，告訴他們：「多格，二十歲，是一位德籍志願兵。他不想死。他的母親遠在德國，還在為他祈禱，祈求上帝庇佑這位心地純真的孩子。」

我們這群外籍士兵中的許多人第一次執行任務就喪命，甚至還沒看到敵人的影子，就死於俄軍的砲火。前線不會給任何人鍛鍊或考驗勇氣的機會，也不會慢慢提升你的抗壓力。一切都以最殘暴的方式直接摧毀生命。對外籍志願兵而言，加入兵團的目的是上戰場。無論他們帶著怎樣的想法而來，最終都會在理想與極端現實的碰撞中醒悟：戰場從來不是英雄的舞台，而是一場無情的生存遊戲。

我曾親眼目睹同袍的肢體被炸得四散，耳邊是求救聲與爆炸聲交織。那一刻，恐懼撕裂了所有人的信念。我們不再是那些渴望上場的「大男孩」，而是與死亡搏鬥的動物。許多人經歷第一輪砲擊後便選擇放棄回家，但更多人直接死於前線，沒有後悔的機會。

然而，他們當中許多人還太年輕，卻被捲入這場消耗戰。許多新人剛完成短暫的訓練，就被派往全球最危險的戰區，成為毫無意義的犧牲品。太多人滿腔熱血卻不知道什麼是戰爭，他們只會前進當槍靶，他們不知道如何在戰鬥中生存，但卻知道怎麼送死。我看到太多這種人了，但我又能阻止他嗎？同樣的情況，即便叫藍波過來支援，就算有那樣的硬漢，恐怕也會一夜白髮。這場戰爭並非高科技的現代化戰爭，而是一場難以掌控的消耗戰。對於任何人而言，只有親臨前線，才能真切感受到那種無助。然而，前線的我們早已習慣了這種日常。

✶

我腳下的這片土地，曾在一九四一年十月二十八日被納粹德國的鐵蹄占領，又於一九四三年九月五日被蘇聯紅軍奪回。如今，我們卻在相同的地點，以相似的方式，與俄羅斯軍隊展開激烈交戰。烏東前線的每一個交戰地區宛如人間煉獄。美軍在阿富汗戰爭中二十年間陣亡僅二千多人，但俄烏戰爭創下了破天荒的死亡數字。

有時我們不禁質疑：為何在現代社會，仍會出現如此大規模、不可控的全面戰爭？二次大戰早已遠離當代人對戰爭的想像。人們以為現代戰爭不會重蹈歷史覆轍，認為一切作戰都將圍繞高科技展開。然而，俄烏戰爭卻硬生生地將戰爭推回到過去的歷史場景中。

二〇二三年十月，我第一次在新兵營訓練的時候，結訓的士兵似乎不太開心，因為他們不能立刻申請調往其他單位。按理說，每期新兵一旦從新兵營結訓後，都可以申請加入任何單位，但因為一營死傷慘重，所以所有新兵都被直接分配到那裡。我也是這樣被分配到第一營。

西班牙教官無奈搖搖頭，看著我說：「潘，不然我們還能怎麼辦？如果不送他們去一營，一營就沒有兵了。」

教官再對我說：「潘，這是戰爭，一場真正的大戰。不管你被分配到哪個單位或部隊，都可能會死，這一切不過是運氣與機率罷了。當然，如果你有極特殊的背景，也許能加入更專業的部隊。」

我突然想起，之前在基地等待時，有一位滿身刺青、渾身肌肉的英國佬並沒有跟我們一起簽約加入國際兵團。我看著他，低聲問道：「你應該在軍隊服役很多年了吧？能否告訴我，你之前在哪裡服役？」

他神情淡定地回答：「特種部隊。」

我緊接著問：「你在哪支特種部隊服務？」

他簡短地回道：「駐阿富汗的ＳＡＳ。」

我和美國人伊格爾被嚇了一跳，臉上露出極為震驚的表情。畢竟，ＳＡＳ（英國皇家空降特勤團）是世界頂尖的特種部隊之一，以嚴苛的選拔與高強度訓練聞名，錄取率不到百分之二十。這支精英部隊培育出無數頂尖戰士，並活躍於全球最危險的戰場，執行極機密、艱難的軍事任務。要想加入ＳＡＳ，可說是難如登天。

我小聲對伊格爾說：「我們眼前這傢伙，應該是個恐怖的殺手吧。」

伊格爾低聲回道：「他應該是這裡的老大哥吧？我們的經歷跟他比起來，簡直就像坐在教室上課的高中生。」

這名英國佬的性格與我們截然不同，他比我和其他士兵都更加狂野、不受拘束。與他聊天時，他會毫不避諱地拿出手機，展示自己在頓內茨克交戰時的影片與照片，其中還包括一名被他擊斃的俄軍士兵。他甚至帶著幾分炫耀的語氣，指著照片講述當時的情境。看到這一幕，我不禁感到背脊發涼。

伊格爾低聲嘆道：「還好我們不是俄羅斯人，不然遇上他，真不敢想像我們的人生會以多麼悲慘的方式結束。」

艾瑞克也是一名身經百戰的前線老兵，但他幽默風趣，時常開玩笑。雖然我們都知道他也曾向敵人開槍，但與他相處時，絲毫感受不到那種剝奪生命的殘酷感。然而，這名英國佬給我的感覺完全不同。他就像是來這裡累積擊殺數的惡魔，敵人死得愈多，似乎愈能襯托出他作為「死神」的價值。

伊格爾說：「這種人對正常社會來說，實在太危險了，也不適合。」

我問：「為什麼？」

「你不覺得他的存在意義，就是取代別人的存在嗎？他的價值，建立在那些死在他手上的人數上。」伊格爾回答道。

不到兩天後，烏軍派了一輛專車，將這名英國佬單獨送往前線。對於我們這群士兵來說，這待遇堪稱尊榮。畢竟，誰叫他出身ＳＡＳ呢？當時，作為新兵，我們只有羨慕。

經歷死亡之後，我再回到國際兵團，回想一年前的事情，想起那些已經死去的戰友，覺得自己那時還很幼稚，不知道這位英國佬後來怎麼樣了？但無論我們是因為什麼原因參加國際兵團，我都想說：我們是志願兵，不是傭兵！

9.

在後方休假

——哲人你們在哪？

我只相信戰爭，只相信死亡，只相信鮮血，只相信我手中的機關槍。

二〇二四年暑假到來，或許讓學生們欣喜不已，但此刻，前線的士兵仍在艱苦地死守。這個夏天，俄軍在前線不斷推進，而烏軍的兵力已明顯不足。

第一營與第二營在前線再次遭受重創，被迫解編，接連損失數個排的消息已經傳回遠在後方的士兵耳中。這幾天，新兵訓練營裡又有十幾名哥倫比亞士兵被派往前線防禦。上週，睡在我們帳篷左側上鋪的英國人剛到前線不到三天，就在第一次任務中被無人機炸死了。我們甚至還來不及認識他，更不知道他的名字。

我站在倉庫旁抽菸，和同學講著電話。這時，一位烏軍士官長開著輛嶄新的福特休旅車停在我面前，向我招手，示意我上車。我感到莫名其妙，隨即看到阿達坐在副駕駛座，拿著手機翻譯，與士官長聊天。

阿達喊道：「大學生，幫我翻譯一下，我手機怪怪的，字幕跑不出來。」

「好。」我回應。

士官長和阿達算是老交情了，他要帶我們去市區吃烤肉，順便採買生活用品和香菸。說來奇妙，他們兩人語言不通，卻能透過翻譯軟體加上比手劃腳，建立起這種特殊的友誼。

士官長讓我轉告阿達：「上次你請我吃豬肋排，這次我帶你去一間我朋友開的烤肉店，那家味道非常不錯。」

阿達笑著回：「好呀！好呀！我喜歡烤肉！」

我問士官長：「戰爭何時才會結束？從二〇二二年打到現在，已經太久了。再繼續下去，這個國家快沒有年輕人了吧？」

士官長嘆了口氣，說：「孩子，我們已經等待這樣的協議（和平談判）等了三年了……從春天等到夏末，從夏末等到秋天，從秋天等到冬天，然後到了下一年，繼續等。」

前線部隊幾乎沒有任何後備力量。那些步兵原本應該在陣地駐守一週，有時甚至延長至兩週。然而，不幸的是，他們中大多數在這個期限之前就已經離開了——要麼戰死，要麼受傷後送。

他頓了頓，繼續說：「我們必須做好準備，戰爭不會在秋天結束，不會在冬天結束，也不會在一年或兩年內結束。你得為最壞的情況做好準備。如果我們幸運的話，情況可能會好一點。」

因為傷亡太重，一營全員獲准放假一個月。我和阿達賭了一條香菸，猜測等一營下個月放假回來，還剩下多少人留在兵團？我說：「不會超過十個。」阿達則苦笑著說：「有五個就不錯了。」

同樣，二營也暫時沒有了任務。沒有任務的日子反而顯得悠閒。我們坐著嶄新的休旅車，離開煩悶的基地，去看風景、拍照、大口吃喝，還特地找了一間三星級旅館住下。

隔天，我們在酒吧遇到一營的幾個夥伴，其中一個是林克斯的好友佛克希。他問：「潘，你們要不要跟我們去營區外的森林游泳？」

我說：「好啊！」

於是，他們準備了一些雞腿和牛排，還偷偷在保冷箱裡藏了幾瓶啤酒和一些大麻。我們脫下制服，只穿著四角褲，直接跳入冰冷的湖泊中。這感覺簡直太過癮了！好久沒有這麼快活了。遠處的森林與湖水交織成一幅寧靜的畫面，讓我瞬間放空，沉浸在這難得的美景之中。不久後，我上岸，換其他戰友下去游泳，我則負責烤肉，確保雞腿不會燒焦。

荷蘭人丹問我：「潘，你覺得這個婊子好看嗎？」他隨即拿出手機，給我看照片。「昨天我花了九千塊，睡了她一整晚。我可以把這個網站給你，裡面有各種價位的妓女，你需要放鬆一下。」他還拿出手機，播放他與那位妓女的性愛影片。我看得極度入迷，專注的程度甚至超過了在前線交戰時，頭盔上的GoPro錄下的那些爭分奪秒的瞬間。

我從保冷箱裡拿出大麻，捲了一根，與丹一起分享。儘管部隊嚴格規定士兵不得吸毒、酗酒，但放假時，誰又能找到我們？誰又能知道我們在做什麼？去他媽的幼稚規定。

我以前很少使用大麻和可卡因來緩解壓力和情緒，但近期前線的慘況讓我不禁感到焦慮與恐懼。儘管現在我依然四肢健全地活著，但誰能保證下次被派上戰場時，我還能平安回來，跟戰友們談笑風生？唯一能證明我還活著的，只有當下這一切。

香菸、大麻、可卡因、妓女、在高檔餐廳大吃大喝、住星級酒店……這些放縱的行為，在我們之間早已司空見慣。可除此之外，當我們脫離戰鬥後，生命中還剩下什麼？陣地交戰的時間長短不一，有時只持續幾分鐘，有時卻長達數小時，甚至數天不停火。但大多數時間，我們只是待在那冰冷、陰暗、潮濕的戰壕裡，漫長等待。

有時，一發突如其來的砲彈，便能奪走一條生命。而我們又能如何？時間究竟過去了多久？是幾個星期、幾個月，還是幾年？其實，也不過短短幾天而已。

從清晨到夜晚，俄軍的砲擊從未間斷。但木頭與沙包堆砌而成的防禦工事，卻成了我們最後的救贖。儘管我們疲憊不堪，但只要撐過一個星期，等到部隊輪替時，我們便能離開戰壕，回後方休假。

我們不像一個世紀前的士兵，在那陰暗又潮濕的戰壕裡，滿懷期待地等待家鄉寄來的信件。如今，我們可以隨時透過網路表達感觸與想法。真正觸動我們的，不是家書，而是每月發薪日那天手機裡的款項入帳。這筆薪水，對於這個貧窮的東歐國家烏克蘭而言，無疑是一筆巨款。

因此，住星級酒店、叫妓女陪睡，根本不會對荷包造成負擔。只要能在下一次戰鬥中活下來，就依然可以享受這樣紙醉金迷的生活。

阿達總是能找到市區街角或隱密小巷裡的美味食堂。我們已經受夠了漢堡、披薩，或那些味道毫無變化的義大利麵。只有炭烤肋排，才能成為我們穿梭在大街上努力尋找的重要目標。

這一次的薪水，阿達除了花在吃飯與買菸外，幾乎沒再動用。他是一個有三個孩子的父親，選擇不碰女人。他多次強調，這些錢要留給孩子，也要幫助可憐的難民。

我自己也無法接受嫖妓這樣的行為，但我會與戰友談論此事，當作玩笑。然而，若真要我做，我沒有那個勇氣。即便如此，我仍舊只把這些話掛在嘴邊，卻從未真正涉足那個世界。

對我來說，能住上三星級酒店，洗個熱水澡，並且大口抽菸，就是最幸福的事。我的道德底線是大麻和可卡因，超越這個界線，我會感到極大的愧疚。這或許是我個人的心理問題，但對我而言，這樣才是好的。作為一個男人，我知道自己在做什麼。

我去軍品店買了步槍握把、頭燈，還為我的機關槍子彈準備了一個大背包。與其讓

「老二」爽一下，不如多買一些保命的傢伙。

✶

宇宙精神的殿堂早被遺忘。大學是什麼，我並不知道。

在烏克蘭哈爾科夫書店的角落放著一本尼采的《查拉圖斯特拉如是說》。這本書我已讀了兩遍，但仍舊再次收入囊中。夜晚，我開著頭燈，躺在旅館的床上翻閱，試圖找回我在台灣面對生活的態度。然而，在前線的任何角落，不論安全與否，我都無法專心讀書。我不知道為什麼，我的大腦彷彿陷入一片空白。

我抽了兩根駱駝牌香菸，再次翻開這本讀到滾瓜爛熟的書，但這些文字似乎已不再那麼重要。這裡的一切，都在衝擊我的價值觀。哪怕是休假，也與台灣的大學生生活天差地遠。

房門旁的黃色燈光格外溫暖。我買了一瓶伏特加，放在房間的電視機上。洗完澡後，我喝了兩杯，並手捲一根大麻，打開窗戶，坐在陽台，看著夜空，點燃大麻，深吸兩口，等待身體開始起化學反應。那一瞬間，世界彷彿變得遼闊而美好，我好想開懷大笑。

在台灣，軍人的世界往往與社會脫節。封閉的部隊環境與資訊的落差，使得軍人與社會格格不入。然而，在烏克蘭，我們卻時常穿梭於城市的大街小巷，穿著軍服就像穿便服一樣正常。哪怕帶著槍、穿著防彈背心去買披薩，也沒人投以異樣的眼光。這場戰爭，讓全國百姓深受影響。每家每戶的男人都被動員上戰場，城市裡軍人無處不在，反倒是平民變得稀少。軍人不僅融入了社會，更是占據了社會。

我穿著軍裝四處旅行，曾到特諾皮爾湖的度假勝地。售票員見我穿軍服，便讓我免費通行，還送我一杯檸檬汽水。我坐在湖邊，看著清澈的湖面，內心感到極度愉悅，卻也無比孤單。

這座猶如畫作般美麗的城市，勾起了我內心的思鄉情懷。我想念我的媽媽、親人、同學和好友，還有那些讓人喘不過氣的課業。但學校的教導，在這裡我早已遺忘。它並沒有教我，如何在悲傷情緒中點燃一根香菸，治癒破碎的心。

我早已脫離幻想中的烏托邦，逃離那引領我登高的哲學思想。我走向了自我毀滅的試煉場。我渾身散發惡臭，衣服褲子沾滿泥巴，寒冷的氣溫讓我說話時不斷結巴。恐懼，猶如惡魔環繞在我身邊，使我的雙腿不斷顫抖。

哲人們，你們在哪？

曾經的我，不斷登高，渴求知識，追尋真理。儘管那時的我，猶如大海中迷失方向的小船，卻從未懷疑過航程。然而，如今，我什麼都不信了。我只相信戰爭，只相信死亡，只相信鮮血，只相信我手中的機關槍。

10.

我的兄弟
——我們一起上前線

「我熱愛台灣的自由與民主，也曾去過台灣。我非常羨慕你們擁有這樣自由的政治環境。」——彭陳亮二〇二四年七月，在等待前往前線的幾天裡，一個令人意外的消息傳到了我的耳中，有一名中國籍志願者——彭陳亮加入了國際兵團！這讓我感到十分好奇，忍不住四處打探他的情況。

要知道，除非是在極度特殊的情況下，共產國家的志願者幾乎不可能加入國際兵團。國際兵團在烏克蘭軍隊中只是個小規模的單位，因此我藉著幫部隊運送物資的機會，特意跑到訓練基地，試圖找到這位與我說著同樣語言的同袍。

每天，烏克蘭邊境都會向國際兵團的新兵營運送新兵，我也不知道亮仔究竟被分配到哪，因此只好隨便走走，看能不能碰巧遇到他。

阿達買了一個大大的起司披薩，想要帶我一起去送給他最愛的美國籍教官梅森。他還準備了一堆醫療器材和止血鉗當作禮物一併送給教官，畢竟這些醫療物資對軍隊來說可是珍貴的寶貝。

今天是星期天，所有新兵和教官都沉浸在難得的假期裡。梅森在兵營圍牆邊的水池釣魚，他身材魁梧、滿身肌肉，低沉的嗓音和手臂上的槍傷證明他是一位經驗豐富的老兵。

梅森看到我們，立刻放下魚竿迎上來擁抱我們。沒錯，我們非常思念彼此，他強而有力的臂膀讓我們感受到如同父親般的溫暖與堅實。

我們把披薩與醫療器材交給梅森，簡單聊了幾句後，便動身去尋找亮仔的身影。沿著過去的回憶，我走向曾經與拉格納、艾瑞克、紐約，以及第十一期志願兵共同睡過的寢室。那裡有太多回憶在召喚著我。

我剛走到寢室門口，一聲熟悉而溫暖的聲音在耳旁響起。

「文揚，是你嗎？我是阿亮，很高興見到你！」

亮仔就坐在寢室左側，靠近廁所的那張鐵床上。我沒想到竟然如此巧合，一到新兵營就能遇到他。

亮仔個性開朗，他告訴我，在加入兵團之前，他在雲南當國小老師。這名徹頭徹尾的軍事迷，對槍枝及軍用裝備情有獨鍾。他用一千美金改造了一把老舊的AK-74U步槍，成果比好萊塢電影裡的還要帥氣。更讓我驚訝的是，在某些武器知識上，他甚至超越了我這個服役近四年的台灣志願役士兵。

傍晚時分，二營的車輛準備返回駐地。我們立刻交換了聯絡方式，隨即道別。雖然我們身處不同的單位，但每當有休假，我們總約好一起到市區遊玩。他曾帶我到他在利沃夫的住處，親手包了水餃給我吃。在這遙遠的東歐國度，能吃上一口熟悉的中國水餃，讓我不禁想起母親下廚時的味道。

我問他：「亮仔，為什麼你要加入國際兵團？」

他回答：「俄烏戰爭是一場侵略戰爭，中國不應該支持俄羅斯這個侵略者。我在微博和推特上只是發表了自己對這場戰爭的看法，就遭人舉報。」

「我熱愛台灣的自由與民主，也曾去過台灣。我非常羨慕你們擁有這樣自由的政治環境。可是，當我在網路上發表對台灣的政治看法時，卻被王八蛋小粉紅舉報，最後被控以『尋釁滋事罪』，在監獄裡關了七個月。」

「哪個國家會因為言論自由，就把一個無辜百姓送進監獄？出獄後，我的工作沒了，社會用一種看待惡人的眼光來對待我。我不想、也不能繼續待在這個國家。」

「所以我來到了這裡。或許，這才是我能最有力證明自己熱愛自由主義思想的方式吧。」

在我的觀念裡，既然都已經加入烏克蘭軍隊，我並不在意任何政治意識形態，因為在前線，我們共同面對的敵人只有一個——俄羅斯軍隊。

我見過各式各樣的支持者，他們用不同的方式支持台灣和烏克蘭。但像亮仔這樣，真正以行動來證明自己信念的人，卻只有他一個。因此，我從心底把他當成兄弟，把他當成我的同袍。

阿達雖然不懂政治，也沒有什麼特定的意識形態，但他非常認同亮仔，認為亮仔是和我們站在同一陣線上的志願者。所以，我們三個人就這樣成為了好友。我多次邀請亮仔加入國際兵團第二營，而他也答應我，未來會向長官申請轉調單位，來到這裡與我並肩作戰。

外國志願兵之間通常有更大的群體，但說中文的只有我們區區三人。儘管如此，這種緊密的連結讓我在烏克蘭從不感到孤單，因為他們兩人是我最重要的精神支柱。

✶

最近，前線戰況很糟，烏軍已經許久沒有傳來捷報。第二營也遭受重創。在國際兵團的三個步兵營中，第二營一直以來是最安全的部隊，主要負責在烏克蘭東部防守陣地，並在俄烏兩國邊境執行巡邏任務。

然而，當我和阿達於七月中抵達烏克蘭，準備與第二營簽約時，前線局勢已發生劇變。第二營駐守於烏東前線斯拉夫揚斯克一帶的陣地，已遭俄軍全面突破。俄軍以大量重型火砲與坦克發動二十四小時不間斷的轟炸，甚至還往C連的陣地投擲毒氣彈。

阿達在C連的哥倫比亞弟兄死守了數日，仍無法阻擋俄軍的攻勢。他在第十五期新兵營的許多夥伴都在這幾天戰死，還有兩人被戰車砲的轟炸活埋。短短幾天內，C連就折損了十幾名士兵。

最終，不到半個月，苦心經營兩年的戰壕全部失守。

當時還在基地等待的我們，被臨時召集參加了一場會議。會議中，上級提出了一個計畫：組建一支突擊隊，嘗試從俄軍手中奪回失守的陣地！

會後，我對阿達以及住在同一帳篷的戰友說道：「這簡直癡人說夢！我們營裡沒有任何部隊有過突擊作戰的經驗，要從俄軍手中奪回戰壕，簡直就是自殺。」

哥斯說，看看一營吧。前天他們全營又從前線撤退回來招募新兵，我早上去他們那搬礦泉水時，只看到A連剩下六個老兵。他們說一營大部分人都已經死了。這已經是半年內第二次被打到解編。

我們這裡有許多人曾在一營服役過，但他們拒絕執行突擊任務。他們問我，是否知道B連有一位烏克蘭人，執行了九次突擊任務後，被送進了精神病院的故事？

我說不知道。

他們說，他真是幸運，連續三次任務中，砲彈炸到身旁五公尺，但他都沒死。

另一位一營的老兵說，去年B連小隊在安德里夫卡執行任務時，烏克蘭人提供的情報說：村莊裡已經沒有俄軍了，隨後B連進去巡邏。不到十分鐘後，俄軍朝他們發射了兩發反坦克飛彈，其中三人當場被炸死。

隔天，他們去回收屍體，發現馬路上只剩下一條大腿，後來透過刺青照片比對才知道那是誰的腿。其中一個臨時被調派執行步兵任務的狙擊排士兵，頭被炸掉了一半；另一個人什麼都沒剩。他的屍體碎片可能散落在附近的房屋或馬路上。

這些悲慘的故事隱藏著我內心的迷茫，沒人能確定我們接下來的任務是什麼。然而，事實擺在眼前：第二營已經沒有任何陣地可守，這意味著我們的任務將從防禦轉為進攻。我心中五味雜陳，因為我深知突擊任務的死亡率極高，但在那種情況下，我已經沒有更安全的選擇，一切只能交由命運決定。

帳篷裡的幾名外國人竊竊私語，他們想要返回總部，尋找更安全的烏克蘭武裝部隊。其中一名波蘭人說：「我寧可去迫擊砲排或無人機小隊，也不要加入什麼突擊隊。」

他對我說：「潘，你不會想要去進攻的。你有看到我們有裝甲車嗎？」

我回答：「沒有。」

他接著問：「你有看到兵團有什麼重火力嗎？」

我搖頭說：「也沒有，但我聽說二營的布拉沃連負責提供火力支援，他們有迫擊砲，還有MK19自動榴彈發射器來支援我們。」

他又問：「就算有，你有看過任何一名布拉沃連的士兵出現在基地或前線嗎？」

我從來沒見過他們，只聽說有這個建制的存在。

「那就不要指望他們會在你進攻時憑空出現在你身邊。」波蘭人說。

我看向阿達，問他：「你之前不是在武裝部隊服役嗎？有沒有認識的單位長官，或者第十五期志願兵的聯絡方式？反正我們還有時間，到處打聽一下也不是壞事。」

阿達聯絡了武裝部隊第四十九旅與第一一〇旅的同袍，但得到的消息卻更糟糕。四十九旅雖然有坦克和裝甲車，但傷亡率不但沒有降低，反而更高。台灣第一名志願兵曾聖光就是死在這個單位。[1]

阿達嘆道：「四十九旅每兩個星期就招募一批新兵送上前線，可見前線消耗快得驚人。」

一一〇旅是去年才成立的單位，在巴赫姆特打得極為慘烈。就這樣，我們放棄尋找其他單位的想法，畢竟沒人想要直接走進火葬場。

阿達還把遠在德國當工程師的戰友林克斯拉回了烏克蘭。他連續勸說林克斯一個月，每天瘋狂傳訊息給他，最終成功把他拉進我們小隊。

這名德國工程師數學極好，還精通彈道學。他能夠精確計算不同口徑子彈在擊發後的下墜與上揚距離，因此後來成為我們排的精確射手。

但他對二營的情況也感到不安心，於是去請二營的一名德國老兵沃夫幫忙，看能不能幫我們找到比較安全的部隊。沃夫說沒問題，但要我們閉口不談，畢竟現在各個單位都缺兵，這種行為可能會讓他惹上不必要的麻煩。

儘管如此，沃夫還是幫忙詢問位於基輔的烏克蘭國民警衛隊第四快速反應旅，但遲遲得不到回應。不久後，沃夫被調往軍情局特種部隊，我們就再也聯絡不上他了。

自從二營從斯拉夫揚斯克撤退回來後，老兵們陸續離開這個單位，只剩下一群對前線狀況一無所知、毫無經驗的新兵，等待加入這支部隊。

林克斯說，今年烏軍各部隊在前線死傷慘重，許多單位已經成為「絞肉機」。對我們這些缺乏人脈的外國人而言，當下留在兵團還是比較安全。

我們紛紛點頭表示認同。

就這樣，我們幾人選擇留下來，並在八月與第二營簽署了一份為期六個月的合約。營長在簽約後與我們握手，恭喜我們成為「突擊隊的一員」。

我勉強擠出笑容與營長握手。他那堅定的眼神，彷彿要將拯救烏克蘭這個國家的重責大任，交給我們這群來自異國他鄉的大男孩。

1 曾聖光，本名新將・席外（阿美語：Sincyang Diway），生於花蓮縣吉安鄉，撒奇萊雅族人，中華民國陸軍退伍士官。二〇二二年俄羅斯入侵烏克蘭後，他志願加入烏克蘭國際兵團，並於戰鬥中身亡，為第一位陣亡於烏克蘭的台灣籍志願兵，也是首位陣亡的東亞士兵，得年二十五歲。

這一點也不值得恭喜。如果能守在戰壕裡，我絕對不會選擇加入突擊隊衝鋒。每天光是看部隊的死亡數字，就足以讓我保持理智。我清楚我們即將面對什麼——每個人的命都只有一條。如果你想知道突擊隊的死亡率有多高，去問問睡在隔壁帳篷的老兵就知道了。能從突擊任務中活下來的士兵，都是在數千個偶然中倖存。

艾瑞克隊長經驗那麼豐富都死了，而我的能力還不及他的十分之一。談論我的生存機率，未免太過奢侈。

阿達說：「文揚，你別怕。第一，你根本別無選擇，你還能怎麼辦？你來這裡就是為了殺這群敵人。如果現在背起包包回家，大家會怎麼看你？」

必要時，他人外在的眼光與看法，的確能激發出超乎常人的勇氣與果斷。所幸，過去安逸的生活沒有在我的大腦裡停留太久，讓我陷入進退兩難的猶豫。

隔日，單位發給我們嶄新的裝備，並將我們送往新的訓練基地，開始為期八週的突擊訓練。

✶

「保持十公尺的距離行軍！」

「砲擊！臥倒！」軍士長每天在我們行軍時大聲喊道。「他媽的，你為什麼不趴下？砲彈來了，你只有不到一秒的時間臥倒！不然你就死定了，回不了家，知不知道？」

一樣無止境的行軍，一樣的班、排戰鬥隊形訓練。突擊戰壕的方式沒有變化，只是訓練的時間被無限延長，還有那一遍又一遍的攻堅戰鬥，不斷衝進那些殘破不堪的家屋。烏軍又把前線那些根本無法偵測到的各式地雷，擺在我們眼皮底下。

這些沒有變化、也稱不上高技術性的突擊訓練，只是為了增強我們的肌肉記憶，讓我們的大腦無須思考，便能驅動靈活的四肢，朝著目標精準開槍。

我們從白天訓練到黃昏，從AK-74步槍練到RPK、PKM機槍，從AT4到RPG-7火箭彈的操作，從五十公尺到二百公尺不斷變換射擊距離。從站姿、跪姿到臥姿，進行移動射擊，還有無止境的更換彈匣。

哥倫比亞士兵和阿達的臉上透出萬般無奈，他們開玩笑說：「我們都得了射擊症候群！」

曾經與我在同一間教室學習的同學，如今變成這些來自南美洲、退役於哥倫比亞部隊的士兵。奇妙的是，我與這些說著西班牙語、年齡跟我有極大落差的外國人，竟培養出了深厚的友情，甚至超越我在學校裡認識多年的好友。

在這些日復一日、朝夕相處的時光裡，儘管語言上有隔閡，但我們慢慢培養出如家人般的羈絆。我時常將這種感覺與日常生活比較，而在突擊隊中，我感受到的友情，比以往更為深刻。

轉眼間，突擊訓練接近尾聲。新兵營又送來了幾位來自英語系國家的志願兵。長官將我、阿達、林克斯和這幾名新兵編排在一起，並從C連調來一位曾服役於美國海軍陸戰隊的老兵——弗利，加入我們的小隊。

弗利雖然個子不高，但非常擅長說話。他吐出的每個字句，彷彿都經過嚴密的邏輯排列後才脫口而出。我喜歡他溫順的性格，也欣賞他總是掛著笑容的樣子。更重要的是，他在前線存活了一年以上，還曾在斯拉夫揚斯克那場俄軍突破防線的戰役活了下來。因此，我和幾名新兵一致推選他擔任我們的隊長。

隔週，我們被送往前線，而這些人，也成了我日後出生入死的夥伴。

11.

察夫蘇雅

——我的一部分永遠與弟兄死在那片森林

「文揚，打完之後，別忘了幫我拿回落在戰壕角落的那包威仕牌香菸。」

——吳忠達

察夫蘇雅，位於烏克蘭東部頓內茨克州，是巴赫姆特區的重要城市及行政中心。這座城市對交戰雙方具有極高的戰略價值，不僅是交通與後勤的樞紐，更被澤倫斯基譽為「堅不可摧的精神堡壘」。

我們的部隊於十月初踏上了這片戰火連天的土地。經過三天漫長的軍列行程，我們從繁華的利沃夫抵達東部的德魯日科夫卡。相比西部，這裡的貧瘠與殘破令人心情沉重。許多建築幾乎空無一人，只有無法撤離的老人和貧困百姓留守。街道旁的建築千瘡百孔，隨處可見被砲火摧毀的殘垣斷壁。

十月一日，我們國際兵團第二營A連抵達德魯日科夫卡的一個鄉村。這裡的百姓大多已經撤離，空蕩蕩的街道上只剩殘破的建築與零星老人。軍方將我們安置在一間老舊的「安全屋」，但這裡稱不上安全——沒水沒電、牆壁上還留有彈孔，戰爭的陰影無處不在。

身處這樣的環境，讓我不禁想起台灣的安逸與美好。

十月十三日。等待多日後，我們終於接到任務命令：突擊並奪回位於察夫蘇雅森林地帶的一處被俄軍占領的建築，並以此向前延伸，建立一條銜接國際兵團第一營右翼陣地的防線。如果成功，我們將能構築一個橢圓型的防禦陣地。

一營兩天前已經到達陣地，如果我們不加快速度進入森林左翼進行掩護，一旦俄軍增援，一營就將被包圍，處境會非常危險。

無人機部隊在森林一帶進行了兩天偵查，根據回傳的畫面，該處只有數名俄軍精銳——第七空中突擊旅的士兵駐紮其中。從無人機的情報來看，二營在人數上占優勢，因此沒有人將那幾名俄軍傘兵放在眼裡。

連長與軍士長迅速組織隊員，進行編組並分配任務。哥倫比亞士兵人數較多，他們被編為突擊主力，而我們英語組隊員則被安排在預備隊，充當支援角色。許多第一次參與任務的士兵難掩激動，迫不及待想與俄軍一決高下。然而，這場看似勝券在握的任務，卻因語言上的限制，使我們預備隊錯失了參與突擊的機會。

當晚凌晨，神父為即將進入前線的哥倫比亞弟兄灑上聖水並祈禱。我們則與他們握手道別，心中默默祈求他們能夠平安歸來。阿達透過手機翻譯，告訴哥倫比亞弟兄：「你們一定要活著回來，因為你們還欠我飲料和香菸！」我聽了，不禁哈哈大笑。

★

十月十三日清晨，任務開始的前四小時一切順利。但在接近俄軍駐紮的建築時，突擊隊與俄軍在森林中爆發激烈交火。俄軍憑藉地形優勢構築了掩蔽戰壕，而烏軍無人機未能偵察到這些隱藏陣地。突擊隊進入空曠地帶後，隨即陷入俄軍火力陷阱。

我的一名哥倫比亞好友奇利，在試圖躲避俄軍自殺無人機攻擊時，不幸在森林外圍被炸身亡。另一名隊友則因爆炸衝擊導致骨折，失去行動能力。總部試圖與森林中的突擊隊通聯，但俄軍啟用無線電干擾，加上地形障礙，導致總部與突擊隊完全失聯。

十月十四日清晨，交戰區又傳來噩耗。烏軍情報嚴重錯估俄軍的兵力，實際駐紮在森林的俄軍傘兵足足有一個連，數量遠超過六十人。面對人數超過兩倍的敵軍，突擊隊根本無法奪下建築，更別談構建防線。雙方隨即在森林內展開拉鋸戰。

俄軍開始進行Overkill砲擊，這是一種徹底摧毀敵方陣地的密集砲擊策略，他們用一五二口徑砲彈一輪輪地覆蓋我們的防線，完全不給任何人喘息的機會。其中，一名與我們交情深厚的哥倫比亞隊友還被子彈擊穿骨盆，完全無法移動。

我們預備隊員看著連長及軍士長焦急的神情，他們臉部肌肉的緊繃透露出內心的不安與緊張。因為戰鬥一旦打響就不可能停下，現在的問題是，他們究竟該投入更多兵力進入森林增援，還是設法撤離傷兵？

兵團沒有裝甲車可供掩護，而我們也無法躲避空中自殺無人機的搜索與攻擊。唯一的辦法就是靠行軍進入樹林，利用森林掩蔽自身。然而，俄軍已在樹林與森林的外圍撒下大量反步兵地雷，進一步增加了步兵進入的難度。

一次派一個班的兵力在狹長的樹林間移動太過明顯。即使無人機無法直接攻擊，它仍可回傳座標，讓後方的俄軍砲兵發射幾發一五二口徑砲彈，徹底摧毀我們營救傷兵的希望。

為了防止突擊隊成為移動的火砲靶子，軍士長與連長決定一次只派四名士兵進入交戰區。然而，撤離傷兵的困難遠超預期。戰術醫療組遠在四公里外，沒有五、六個人根本無法抬動一名身穿防彈背心與頭盔的傷兵。

當我們在八公里外聽見消息時，我感到一陣無力與愧疚。我們能做的只有乾瞪眼，看著戰友被困在地獄中，卻無法伸出援手。無線電那端傳來的每一聲呼救，對我們來說都像是把利刃，狠狠割在心頭上。

當天下午，哥倫比亞士兵組建一支救援小隊，試圖進入交戰區營救傷員。然而，俄軍早已掌握他們的行動路線，提前埋伏在半路。哥倫比亞士兵剛到森林外圍，就遭到伏擊，三人當場被槍殺。

此時在交戰區的數名傷兵因止血帶捆綁過久，血液循環受阻，面臨截肢風險。但這時，幾名未受傷的哥倫比亞士兵自告奮勇，決定自行將傷員拖至一公里外的廢棄工廠，並找到一間殘破建築充當臨時安全屋。然而，面對俄軍不間斷的砲擊，別說撤離傷員，就連增援部隊都無法進入。這樣密集的火力下，任何生命都難以存活。我們只能依靠無人機往他們的安全屋空投食物、水與藥品，勉強維持這些傷兵的生命。

✶

十月十五日凌晨，俄軍派出一支裝備精良的突擊分隊，悄然滲透至工廠後方的臨時安全屋。他們行動迅速，向屋內投擲數顆手榴彈與燃燒彈，隨後衝入掃射，將所有傷兵殘忍殺害。我們營救的期望跟傷兵活下去的希望，全都被俄軍步槍的子彈一發發擊碎。

如今，仍存活的只剩森林內仍在戰鬥的哥倫比亞士兵與傷兵。

十月十六日，一組由八名巴西志願者組成的小隊決定冒險營救受困的哥倫比亞士兵。隊長是一名久經沙場的老兵，大家都叫他「武士」。

軍士長向巴西士兵坦言，當前狀況非常糟糕，但無論如何，必須優先鞏固部隊的防線，不能讓俄軍再向前突破。一旦成功穩定局勢，就能等待其餘兵力補充。我們都知道，在軍士長和烏克蘭軍官眼中，防線的重要性遠大於這群哥倫比亞士兵的生命。

但我知道，武士和其他幾名巴西士兵心裡只想著帶回還活著的隊友。沒錯，我們千里迢迢來到烏克蘭，為這個國家而戰。然而，對於我們外籍志願兵而言，這些來自異國他鄉的大男孩不只是戰友，更是兄弟。當他們受傷、面臨生命危險時，我們的首要目標應該是拯救他們的生命。

儘管這違反戰術邏輯，違背軍事教科書裡的神聖教條，甚至違反軍隊的命令，但在人道主義與情感的共鳴下，這個「錯誤」的決定卻顯得無比偉大。

巴西小隊於凌晨四點進入察夫蘇雅市區，隨即沿著樹林深入。不久後，他們發現一名受砲擊和槍傷的哥倫比亞士兵正在樹林外圍的平原上緩慢爬行，試圖進入樹林尋求援助。他的模樣淒慘無比，已經失去行走能力，右手掌因誤觸蝴蝶雷而被炸爛，手臂上還綁著止血帶。他從交戰區一路爬行超過兩公里，最後倒在了巴西士兵前方的樹林邊緣。

他不再動了。雖然還活著，但顯然已經耗盡最後的體力，只能躺在那裡，等待死神的召喚。

此時，武士提出要救回這名傷兵。他決定將他拖回來，然後撤離到四公里外的戰鬥醫療組，因為那裡有救護車可以將他送往醫院。他堅定地說：「就算是十公里，我們也要抬著他回去！今天我們來這裡的目的，就是把這些講西班牙語的兄弟帶回家。我們不能指望烏軍會派部隊進來救他們。」

隊友警告武士：「這是陷阱。」

在這片毫無遮蔽的平原上，傷兵能爬行那麼遠而沒被無人機炸死，已經極不尋常。前方更是一望無際的空曠地帶，這很可能是一場精心策劃的獵殺。

武士卻堅定地說：「他是我們的兄弟。」

不顧其他隊友的勸阻，他直接衝向平原，將那名哥倫比亞士兵拖回樹林。隊友的擔憂成真了——這確實是陷阱。武士剛把傷兵拖進樹林，便遭到自殺無人機投彈襲擊，當場犧牲。

來不及悲傷，其餘的巴西士兵仍然堅持執行搜救任務。夜幕降臨後，他們撤入駐紮在當地的烏克蘭國民警衛隊戰壕，在那稍作休息，吃些食物，喝點水，補充體力。

察夫蘇雅的戰鬥從未停歇。這裡不僅有裝備精良的車臣武裝分子，還有俄羅斯傘兵部隊與迫擊砲營。自從巴赫姆特失守後，俄軍便試圖拿下這個戰略要地。然而，烏軍大批配有北約裝備的精銳旅被調往庫斯克開闢新戰線，導致察夫蘇雅的烏軍出現兵力空缺。

飢寒交迫的巴西士兵們試圖入睡，哪怕只是五分鐘。然而，砲擊聲讓他們整夜難眠。當他們輪流躺在戰壕內休息時，站哨的烏克蘭士兵突然大喊：「敵襲！」

隨即，子彈在黑夜中劃破空氣，雙方爆發激烈交火。整晚，他們不是被砲擊驚醒，就是與俄軍互相射擊，不斷變換射擊位置，來回對抗。

然而，清晨到來，巴西士兵沒有時間喘息，便繼續執行搜索任務。隨著時間推移，愈來愈多的哥倫比亞士兵死在這座殘破不堪的城市、陰暗潮濕的森林，或是一望無際的平原上。

這支巴西小隊在四天的任務中，來回撤離了數名哥倫比亞傷兵。每撤離一名傷員，他們就得徒步八公里。就這樣，他們連續行動了四天四夜。

當我們再次與他們對視時，他們原本朝氣蓬勃的眼神消失了。深陷的眼窩、瘦削的臉龐，讓他們的黑色瞳孔顯得更加死寂。他們的面容僵硬，如同凍結了一般，無法做出任何表情變化。唯有淚水，靜靜滑落。

✶

這場戰鬥，A連付出了慘重的代價——二十二人陣亡，十人重傷。倖存的士兵回憶起察夫蘇雅森林時，無不形容它為「屠宰場」。

他們目睹無數戰友在眼前被殺，親身經歷無休止的砲擊與死亡的壓迫。隨後，他們被送往第聶伯羅的醫院治療。然而，撤回後方的士兵中，許多人精神崩潰，甚至再也無法面對戰場。

這場戰鬥後，國際兵團第二營內部爆發了大規模解約潮。大量外籍士兵對這場戰爭感到絕望，選擇離開讓人心力交瘁的戰場。

歷經上一次突擊任務的慘敗後，A連連長和軍士長對我們說：「未來不會再有更多的突擊任務了。」

十月二十九日，我所屬的A連英語組小隊召開作戰會議。連長和軍士長指派我們再次進入察夫蘇雅森林，執行防守陣地任務，希望我們能控制這片小小的森林，不讓俄軍繼續推進。然而，森林中的駐守兵力只有六人。

這次的任務地點是一片廣闊且地形複雜的森林，裡面有數十公尺高的山谷需要攀登與翻越，還有數條小溪需要涉水而過。聽起來讓人汗流浹背，但這樣的地形也能有效阻擋俄軍的坦克與裝甲車，降低我們被突擊的風險。

我們的目標是利用森林的L型轉角構建兩道防線，並在轉角處設置機槍陣地。我盯著地圖，與隊友討論任務細節。由於森林部分區域已被烏軍鋪設地雷，我們反覆檢視無人機拍攝的畫面，仔細比對地圖上的路線，深怕走錯一步，踩上自家人埋下的地雷，落得被截肢的下場。

此外，進入森林前還有兩段合計超過一公里的開闊平原，這段路極為危險。然而，除了這條路，我們沒有其他通往森林的路線。俄軍可能已經用偵察無人機鎖定了這片區域，我深怕還沒抵達樹林前，就連人帶車一併被FPV自殺無人機炸成廢鐵。

因此，連隊為我們的皮卡車安裝了四種不同類型的無人機干擾器，這讓我稍微安心了一些。然而，面對森林前另外七百公尺的開闊地帶，我們除了全副武裝、以最快速度衝過去，別無選擇。對烏克蘭軍隊而言，軍用悍馬車並非用來保護與運送步兵至交戰區，而是裝載五〇機槍執行突擊並提供火力掩護。我們僅僅是想跨越平原進入森林，想獲得這種裝備簡直是癡人說夢。

十月二十九日凌晨，我們開始整理裝備。阿達有「彈藥不足恐懼症」，光是三十發的五點五六彈匣，他就帶了十個，另外還清空了一個醫療包，塞進額外三百發散裝步槍彈。

「你這麼怕子彈不夠用，幹麼不拿機槍？」我打趣道，「機槍一個彈鏈就一百發，你可以一次帶上千發子彈，射個痛快！」

阿達搖了搖頭：「兄弟，為了你的生命安全著想，我建議你還是拿步槍吧。俄軍的無人機在空中看到我們時，一定會優先鎖定機槍手。另外，狙擊手不先殺你殺誰？你可是我們當中火力最猛的！」

桑拿也加入了調侃的行列：「潘，請問你的機關槍可以裝消音器嗎？等你掩護我們時，俄軍全都會知道我們的位置。」

一旁的喬治亞老兵終於聽不下去了，他大聲說：「你們這群笨蛋！機槍手是小隊中最重要的核心，你們應該想辦法保護他！機槍在必要時，可以把你們從地獄的深淵救回來！」

另一名留著山羊鬍的烏克蘭士官告訴我：「機關槍絕對不要開連發，盡量一次射擊三到五發。切記，每個射擊位置最多只能開兩次槍，隨後必須立刻變換，因為你的機槍彈裡含有標記方向的曳光彈。如果你持續在同一個位置射擊，很快就會被砲火鎖定並遭到攻擊。」

神父曾在法國外籍兵團服役，並參與過非洲多地的維和任務。他說：「我們要多帶點手榴彈，如果可以，每人帶個八顆、十顆。當近距離纏鬥時，往角落裡扔就對了，在狹小的戰壕裡拚步槍戰鬥實在太危險。」

我們紛紛點頭同意，但最後礙於手榴彈數量有限，每人只分到了四顆手榴彈。

維加斯被分配到一支AT4火箭筒，他開心得不得了：「原來實際拿起來沒那麼重啊！」另一支火箭筒則分給桑拿，而美國人弗利則配備一把榴彈槍和二十發榴彈。

最後，卡達費配了一個背負型無人機干擾器。而我擔任機槍兵，手持比利時製造的FN MAG機槍，並攜帶七百發彈藥。可以安置在直升機和裝甲車的七點六二機槍重十二公斤，外加我那一百發掛在機槍上的子彈，整把槍超過十四公斤再加上背包、水、食物、彈藥和四顆手榴彈，整體負重超過四十五公斤。老實說，我恨不得把機槍埋進土裡，改拿一把手槍去對付俄軍。畢竟，讓我背這麼重的裝備去跑那一公里的平原，簡直是最毫沒人性的懲罰。

我在海軍陸戰隊服役時，曾擔任過機槍兵，但當時從未攜帶超過三百發彈藥。大家都說當機槍兵很辛苦，我本以為是誇大其辭，直到真正上了戰場，才深刻體會到那種負擔。

要不是PKM機槍故障，我根本不需要扛著這麼重的FN MAG機槍。如果你去查查這把機槍的圖片，會發現它要麼架在車上，要麼裝在直升機上，而現在……我得靠雙手把它背進森林。阿達時不時拿這件事調侃我，說我是「人形裝甲車」。

✶

經過短暫的休息後，我們起床。我深深吸了兩口氣，神父為我們灑上聖水並祈禱。我還吻了他握在胸前的十字架。

我預感這次任務極為危險，表面上故作鎮定，內心卻充滿恐懼。我的腦海中不斷浮現隊長艾瑞克、最好的玩伴拉格納、訓練營住在我隔壁的德國人多格，以及在巴赫姆特執行突擊任務時全數陣亡的八名A連老兵。這些片段在我準備出任務前紛紛湧現，揮之不去。

我跑進廁所，望著鏡子裡那個手持機槍、全副武裝的自己，對自己說：「今天，我是一名真正上場的軍人。」這身帥氣的軍服，以及接下來的戰鬥經歷，將是我夢寐以求、渴望獲得的機會，是我離開校園後的蛻變。我應該為現在的自己感到驕傲。透過鏡子，我看著那個全副武裝、看似強悍的陌生人，不斷為內心真實而脆弱的自己加油打氣。

這身只有在電影中才會出現的裝扮，並沒有讓我產生太多自信和幫助，因為我已經見證過太多比我優秀的軍人死在前線。因此，我將生存的希望全部寄託於祈禱。

這是一種奇妙的感受——同樣是上前線，但這次卻完全不同，因為我即將踏入的戰場，是當前國際局勢中最受關注的焦點。察夫蘇雅是烏東前線最激烈的戰區之一，那裡每天都有很多人戰死，我的許多好友也長眠於此。

凌晨四點三十分，氣溫極低，此時烏克蘭準備邁入冬季，當天氣溫不到一度。我們小隊藉著夜色，驅車趕路抵達任務的準備位置。我們到了一個小村落，右前方是條筆直的道路，通往更遠的峽谷。路上空無一人，偶爾有一兩輛軍用車駛回我們的方向。

軍士長下車在我們這些準備進入交戰區的士兵手上，纏上綠色膠帶，目的是為了敵我識別。烏克蘭軍隊的士兵手上多會以「黃、藍、綠」三種不同顏色的膠帶識別。

緊接著，我與其他三名隊友乘坐第一輛車進入戰區。我們行駛在這條道路上，但廣大的平原讓一切事物顯得渺小。五分鐘後，我們穿越那座高聳的峽谷，但隨後映入眼簾的景象，讓我震撼不已。

這裡的一切都是黑的，如此浩大的平原卻滿地都是彈坑，下雨天讓這些彈坑滿是積水，加上車輛來回穿梭和移動，整條道路已泥濘不堪。無數輛遭爆炸摧毀的坦克橫陳在兩側，砲塔早已不知被炸飛到何處。裝甲車滿是彈孔，履帶早已脫落，被厚重的泥巴吞噬。我看到一輛裝甲車的後門被炸出一個不規則的破口，門板歪歪地掛在車體右側，搖搖欲墜。紅色的一塊塊黏稠物沾滿裝甲，令人不敢細想。一眼就能辨認出，那是被無人機轟炸後殘留的血塊與碎肉。至於屍體被炸飛到哪裡去了，沒有人知道，我也不想知道，也不在意。駕駛此時立刻打開無人機干擾器。並告知我們準備快速下車，我的心臟撲通撲通狂跳。

大約幾分鐘後，我們抵達下車位置，駕駛兵立刻用烏克蘭語不斷喊道：「快、快、快！」因為這個區域到處都是遭無人機攻擊過後的車輛殘骸。我立即拿著背包和機槍與隊友向樹林跑去，前線的森林毫無生機，原本茂密的森林經過砲彈洗禮，早已破爛不堪，到處都是斷枝與燒焦的痕跡，遠處不斷傳來密集的爆炸聲。我們就這樣穿梭在恐怖的森林，走了數十分鐘，我們終於抵達第一個休息點——一處烏克蘭軍隊的戰壕。

當下最令我震驚的，是戰壕裡的六名士兵竟然全是超過六十歲的老人，帶隊的班長卻只是個二十出頭的年輕人。他的臉上早已沒有稚氣，舉手投足透著與年紀不符的老練與沉穩。他身穿烏軍厚重的冬季外套，防彈背心胸前的彈匣套裡塞著一包香菸，脖子上掛著一副望遠鏡，時不時探出戰壕的掩體向外觀察。他一邊透過望遠鏡偵察，一邊遞給我香菸，然後用簡單的英語示意我趕快進入戰壕，因為這片區域隨時可能遭受無人機攻擊。

我走進戰壕，一邊抽菸，一邊喝著自己帶來的飲料，順勢放鬆緊繃的肩膀——這一切，真的太沉重了。我能清楚感受到腰椎在抗議，但別無選擇，只能硬撐著。眼前的場景讓我百感交集。本該坐在教室裡上課的年紀，如今卻拿著望遠鏡在戰場上觀察敵情；本該在家中含飴弄孫、安享晚年的老人，卻蹲在冰冷的戰壕裡，穿著不合身的防彈背心，手裡握著老舊的AK步槍。要不是戰爭，沒有人會選擇待在這裡。

不久後，對講機傳來長官的催促聲，指示我們快速前往下一個位置，因為其他隊員即將到達。我喝了兩口水，隨即繼續著裝並奔跑。在這段期間，我們需要越過一段長達七百公尺、毫無遮蔽物的開闊平原。

隊長將我們四人分成兩組，但就在我準備跨越平原時，遠處突然傳來自殺無人機的嗡鳴聲。我們四人立刻尋找掩蔽，桑拿貼著樹幹蹲下，我則躲在樹枝下，低著頭、一動不動，所有人都屏息祈禱。

教官曾嚴肅地告誡我們，一旦聽到無人機的聲音，絕對不能逃跑。唯一能做的，就是立刻尋找掩蔽，無論是樹幹、樹枝，甚至是地勢低窪處都好，然後微微蹲下，收縮四肢，千萬不能移動，也絕對不能抬頭看無人機。如果運氣好，無人機察覺不到異常，很快就會飛離。

FPV自殺無人機在我們上空盤旋，發出如同割草機般的嗡鳴聲，令人渾身顫抖。我能清楚感覺到，自己像是被一層薄薄的皮膚包裹著，內心充滿了壓抑的恐懼。只要我稍有動作，或是肢體特徵過於明顯，下一秒，等待我的便是被炸成屍塊的結局。

我們祈禱和等待，大約五分鐘後，無人機離開我們上空。我們馬不停蹄立即向下一個森林跑去。就在準備抵達下一個森林前，我回頭一看，砲彈就落在剛剛我們躲避自殺無人機的位置。我不禁感嘆，當下的我們真是幸運。

緊接著，我們等待後續一組隊員到來。我隨手從口袋裡拿出一片沾滿泥土與沙粒的巧克力補充能量。此時距離上一次進食已經是七個小時前，我渾身痠痛，內心又充滿驚恐，也沒有任何休息的時間。我們需要盡快到交戰區外圍進行防禦。此時我們已經進入更加茂密的森林，地形也從平原變成各種需要翻越的灌木叢及山溝。

面對這座陡峭的山谷，我感到一陣絕望。背上沉重的四十公斤裝備，再加上機槍，讓攀登幾乎變成不可能的任務。黑莓和桑拿幫我分擔了四百發機槍彈，弗利則用我的機槍當枴杖，一點一點地支撐著我向上爬。

不知過了多久，我們九個人終於成功爬上山頂。我喘著氣，將機槍子彈重新塞回背包。隊長見我們已經筋疲力竭，便命令大家進行三百六十度環繞警戒，並搜尋附近樹葉茂密、且有彈坑可作掩體的地方，以便稍作休息。

我太累了，但腦海中突然浮現許多台灣老百姓的抱怨——抱怨政府在武器研發與改造上投入無數億預算不值得。那麼，拜託看看我們吧！沉重的武器給士兵帶來多大的負擔？更何況，我們甚至還沒抵達交戰區，就已經累成這樣了。如果士兵還要扛著那些老舊的武器上戰場，恐怕等他們耗盡體力時，連敵軍的防線都還沒走到呢！

我突然覺得自己是在透過身體實踐來挖掘中華民國軍隊的缺點。正當我說著說著，阿達忽然叫我閉嘴。他說：「兄弟，你先想辦法活過這幾天吧，別一直碎碎唸。趁現在還安全，趕快抽支菸，放鬆一下。」

我將香菸放進鋁罐的開口處，夾著香菸、握著鋁罐抽，以防熱成像偵測到熱源。在這一刻，抽上一口菸簡直太享受了。我感覺自己不再疲憊，甚至可以背著大背包、扛著機槍跑幾十公里。

✶

休息後我們繼續前進，就在抵達目的地前的一公里，不知為何砲彈距離我們愈來愈近，我們肉眼清晰可見砲彈就在我們前方爆炸。

隊長大喊：「快走，敵人知道我們在這了！」我們立刻連滾帶爬離開山谷，最終花了三個小時，我們抵達第一天的防禦位置，並在此紮營。

這他媽的哪是防守陣地，沒有戰壕、沒有掩蔽，在這紮營會不會被炸死，一切都是運氣。此時的我開始跟阿達吐槽。阿達說：「沒辦法，誰讓二營失去了所有陣地。」我們利用散落的樹枝搭起簡易的遮蔽並躺了進去。因為此時天空下起大雨，而且氣溫愈來愈低，我們穿著雨衣，但裡面的保暖衣物早被汗水浸濕。當下那種寒風刺骨的感受難以形容，極度的痛苦。爆炸聲不斷，砲彈不斷落在周圍，忽遠忽近，加上無人機不斷在上空盤旋，我們的心情緊張又焦慮，完全沒有食欲。我喝了一口水，穿著雨衣便睡去。

兩小時後，我起來站哨，並讓隊友趕快去休息。可是夜晚的交戰並不少於白天。

剎那間，天空突然亮起，俄軍往烏克蘭守軍的陣地發射多管火箭彈，巨大的爆炸聲驚醒了森林中的所有生命。就是如此吵雜的環境，我們完全無法入眠。當我站完哨時，隊友告訴我，我必須要想辦法睡一下，否則我的身體會垮掉。我穿著所有的外套，重新鑽回樹枝下，儘管手腳冰冷，但我這次真的感覺我將要睡著。然而，不到一秒的時間，巨大的爆炸聲徹底喚醒了我，並使我毫無睡意。原來是烏克蘭軍隊的無人機飛到俄軍的區域投擲炸彈，就這樣我們又被無情剝奪了睡眠。

清晨六點，徹夜未眠的我們整理裝備，準備執行第二天的任務。軍士長透過對講機告知我們，儘管昨日的空襲已炸毀前側靠近俄軍的建築，但為了保險起見，我們還是要過去搜索。等確認建築被我軍控制後，我們再前往下一個位置進行防禦。此時我們渾然不知，俄軍就在眼前。

我提著機槍，與副機槍手一起占據森林右側的高地，為其他隊友提供掩護，讓他們下去搜索建築物。經過數分鐘搜查，確認建築內沒有俄軍。我立刻跑向建築外圍，與隊友會合。就在此時，對講機突然傳來警告——俄軍一個班的兵力正從森林前方左側迅速逼近。無人機操作員透過無線電告訴我們，敵軍步行速度極快，絕對不是在巡邏。此外，他們在行軍過程中頻繁做出戰術動作，顯然是準備與我們交戰。

在這種情況下，我們小隊的防禦能力微乎其微。四周既沒有掩蔽，也沒有烏軍修建的戰壕。敵人已經察覺我們在這片森林活動，甚至可能已經預判我們的作戰計畫。我們九個人，你看著我，我看著你，沒有人開口，但短短數秒的沉默，卻成了我們無言的共識。

來自德國的工頭卡達費低聲說了一句話。那句話簡短而低沉，卻讓我們從遭受砲擊的恐懼中掙脫，燃起了如同拳擊手準備上擂台般的勇氣。

「我現在他媽的好累……已經兩天沒吃飯了。」

「我他媽的也不知道待會會不會被殺，或因為什麼原因死掉。既然如此，那就跟他們幹！」

事實擺在眼前——儘管我們恐懼，但在這個時刻，沒有人會選擇掉頭離開。我們立刻用對講機向軍士長通報當前狀況。我們沒有時間構築防禦陣地，俄軍已經朝我們的方向逼近，準備接戰。

軍士長隨即下令，要我們做好進攻準備。就這樣，原本的防禦任務瞬間轉變成突擊任務。如果是防守，我只需要不斷變換射擊位置，拖住敵人，只要他們攻不下來，自然就會撤退。可現在，俄軍正一步步朝我們走來——這場戰鬥，只有一方能活下來。

「如果我今天不殺光他們，我就不可能活到明天。」

在這準備接敵的短短幾分鐘裡，思緒與回憶不斷湧現。我彷彿聽見教授與媽媽的聲音，他們問我：「為什麼要離開校園和家鄉，投入這場隨時可能死去的殺戮？」

但如今，我已深陷戰爭的泥淖，置身前線中的前線。

✶

我緊緊握著機槍，靜待雙方完成戰鬥準備。緊張、害怕，顫抖已經不受我的身體控制。我唯一還能掌控的，只有呼吸。我深吸一口冰冷的空氣，再慢慢吐出，試圖放緩心跳。我必須讓身體的每個部位都履行它的職責。

隨後，我將阿達叫到身邊，鎮定告訴他所有任務細節。「卡達費會帶著你、林克斯、維加斯、桑拿組成三角隊形，每名士兵間隔七公尺向前探測敵情。我會走在部隊後翼，掩護左側。一旦接敵就殺光他們。我們會平安的。」

阿達銳利地盯著我，語氣堅定地說：「文揚，保重，一定要撐過這場戰鬥。別忘了，你在陸戰隊服役那麼多年，別丟台灣軍隊的臉。」他拍了拍我的肩膀，接著笑著補充了一句：「打完之後，別忘了幫我拿回落在戰壕角落的那包威仕牌香菸。」

就這樣，他們幾人開始走向森林的前方。由於我的機槍射程夠遠，我只需要等他們向前推進一段距離再跟上即可。

說實話，我慶幸自己不用走在隊伍最前排，因為那會大大增加踩到地雷的風險。俄軍習慣使用無人機投放小型蝴蝶雷，將地雷散布在敵軍可能行進的路線上。這種地雷外觀很像樹葉，一旦踩到，腳踝會被直接炸斷。它的爆炸威力並不足以炸斷整條腿，但即便如此，沒有人想要承受這種傷害。

他們幾個人走得極為小心，生怕一不留神就踩到反步兵地雷。

我趴伏在森林一處突出部的灌木叢下，架起機槍，掩護隊友，緩慢向前推進。在我左側，副機槍射手黑莓隨時準備幫我裝填額外的二百發彈藥。

在我的左翼，有一座寧靜而美麗的湖泊。我和黑莓打賭，說這裡在戰爭爆發前應該是度假勝地。但他笑著搖頭，告訴我，他在非洲的家鄉比這美多了。湖泊的右側有幾片樹林，我開始擔心那裡是否藏有俄軍埋伏。為了保險起見，我四處搜尋掩體，這時，我注意到在右後方約二十公尺處，有一條俄軍留下的廢棄戰壕。這條戰壕設置得極為隱密，一看就知道是用來隱藏車輛的。我立刻命令醫療兵去檢查，並決定將這裡設為臨時醫療站。

戰壕的左上方有一棵大樹，旁邊是一處堅固的土坡。我立即在這構築一個機槍陣地。此時，卡達費幾人也已抵達地圖上的預備位置。

然而，就在這時——零散的槍聲響起！

他們在前方接敵，戰鬥開始了！

與此同時，我注意到湖泊旁的樹林中閃爍著零星火光——那裡也有敵人！

我立刻朝湖泊方向的樹林點射，不久後，對方暫時安靜下來。只剩前方還在激烈交戰。這時，維加斯瞄準俄軍的位置，發射了一發AT4火箭彈，炸出一片火光。俄軍隨即以數發RPG-7火箭彈回應，爆炸聲響徹整片森林。

戰鬥愈打愈激烈。俄軍立刻用PKM機槍朝我們掃射，數十發子彈劃破空氣，沒有擊中任何人。

但就在這時，湖泊左側的樹林突然密集開火！

我環顧四周，頓時意識到一個可怕的事實——我們正身處「死亡區」！

左側樹林的俄軍正在對阿達四人進行猛烈壓制，而我則位於左後方，能俯視整條交火線。

從這個角度，我清楚看到，樹林中的俄軍幾乎沒有變換射擊位置。他們正不斷朝維加斯射擊，但這幾個俄軍愚蠢的舉動卻完全暴露在我的機槍射界中。

如果我現在開火，能瞬間扭轉局勢！我意識到這是個機會。

我讓黑莓提供掩護，我立即提起機槍，並將一條一百發的彈鏈掛在脖子上迅速移動到戰壕外側，在道路旁尋找更好的射擊角度。這時，我看到一名俄軍趴在一棵樹旁，利用樹叢掩護。然而，他開火時的火光出賣了自己，他的身影清晰地落入我的視線。我推開機槍握把上的保險，瞄準他，扣下扳機。

這一切就像日常訓練一樣。

我將槍托緊緊抵在臉旁，左手死死握住不讓後座力使其偏移。我對著那名俄軍連續點射，紅色的曳光彈劃破空氣，告訴我子彈全部命中——從大腿、腹部，最後打穿了他的頸部。

我的大腦瞬間放空，彷彿失去了意識一般，不斷扣動扳機。

我就像一台機器，重複著相同的動作。毫無疑問，他死了。

他的迷彩服被子彈撕裂，裸露出的皮膚已經被打爛，成了一團紅黑色的血肉。子彈一發發鑽進他的身體，已經死亡的屍體趴在地上不斷抽搐，每當我再開一槍，那具屍體就會再抖動一次。

我無法解釋，為什麼開了這麼多槍。

我只知道，這是我第一次殺人。

我的大腦一片空白，甚至忘了小隊此刻仍在戰鬥。

這一刻，我殺人了。

那名死去的俄軍，是我的傑作。

這一切瘋狂得不可思議，我竟然親手殺死了一個活生生的人。

一種難以言喻的興奮竄上脊椎，我全身不由自主地顫抖。而此時，左側樹林裡的俄軍應該已經被嚇破膽了。他們的槍聲停了下來，沒了動靜，我猜正在尋找掩蔽吧。

我立刻從脖子扯下機槍彈鏈，腦中只有一個念頭——補充彈藥！

戰場瞬息萬變，機槍必須時刻保持一百發子彈的供應。

但我渾身顫抖，雙手因緊張而不聽使喚，幾次嘗試，都沒能把彈鏈準確放入供彈盤。心跳急促，動作混亂，我強迫自己深呼吸，終於裝填完成。

我立刻起身，準備提起機槍撤回戰壕陣地。

突然，紅色的火光在我左腳兩公尺處炸裂！

轟——！

那道火光，像是一顆快速膨脹的氣球，在視野中瞬間炸開。一片巴掌大的黑影從我眼前飛過，幾乎擦著我的臉掠過——那是迫擊砲的彈片！

爆炸的氣流掀起森林的落葉，將我吞沒。只差一公分，我的脖子就會被這塊鋒利的金屬直接削斷。

砰！

近距離的爆炸與強烈的震波讓我瞬間耳鳴，腦袋嗡嗡作響，身體失去了靈活的反應。我踉蹌往後退了幾步，抬頭望向阿達和維加斯交戰的位置。

第二發砲彈落下！

轟——！

阿達躺在一處土坡下，不斷哀嚎。

他的腰被炸出一個駭人的大洞，鮮血不斷湧出，浸透了泥土。他奮力伸出手，對著隊友喊道：「我無法移動！」

怎麼辦？

這種傷口怎麼救？這他媽的要怎麼救？

腦袋一片混亂，沒有人教過我該怎麼處理被炸出一個大洞的腰！束手無策，我們唯一能做的，就是設法把他搬走。

隊長抓住他的防彈背心，試著拖動他撤離，但他的腰部肉塊被扯裂開，像是一幅慘烈的畫！

血，流了一地。

此時，槍聲已經停止，因為他們呼叫火砲，準備將我們全數炸死在這片森林！

第三發、第四發——一二〇迫擊砲，落下！

轟！轟！

我們被困在森林之中。

這次的砲擊，誓要將我們這群士兵完全摧毀。刺耳的砲彈加速聲幾乎是在一瞬間劃破天際，瞬間墜落、爆炸！

砰——！

炸裂的火光，折斷的樹枝，燃燒的木片，呻吟的樹幹——整座森林陷入混亂！我們身處地形劣勢，被動挨炸，數十發砲彈從天而降，將大地炸得支離破碎。

唯一可行的選擇只剩撤退。

我強忍悲痛，帶著三名負傷的隊友撤退至俄軍的廢棄戰壕。此刻，面對鋪天蓋地的砲擊，唯一能做的，就是臥倒！

轟——！轟——！

震耳欲聾的爆炸聲不斷響起，泥土與彈片四處飛濺。

隊長倒在地上，左手被狙擊手擊穿！我立刻撕開急救包，迅速幫他捆上止血帶。黑莓的嘴唇被彈片掀掉，鮮血順著下巴滴落，傷口血肉模糊。他神情驚恐，無助地望著我。

「你很好，不會有生命危險！」我告訴他。

當下的我，腦袋一片混亂，根本不知道自己在說什麼。我只能不斷祈禱，祈求天主保佑，求祂讓砲彈不要落在我們身上。

然而，砲擊沒有停下！

我扭頭看向隊長，他的臉色蒼白，血從繃帶下不斷滲出。我隨即又幫他多打一條止血帶。

他沒有回應。

「我們必須撤退！」我大聲喊道，語氣幾乎帶著懇求，「否則我們全部會被炸死！」

我用力拍著隊長的臉，「維加斯他們應該已經死了！再不走，我們會死在這裡！」

他沉默幾秒，終於點了點頭。

「好，撤退！」

我們四人以七公尺間距離開戰壕，朝後方奔逃。

轟——！

又一發砲彈，落在身旁三公尺。

轟——！

又一發砲彈，炸起的泥土與碎石狠狠砸在我背上。

轟——！

又一發砲彈，我來不及回頭，只能繼續跑。

我喘著氣，雙腿幾乎發軟，身後是無情的砲火，身旁是接連倒下的屍體。

大地上躺滿了被炸死的烏克蘭守軍，這是一場地獄般的逃亡。

在撤退途中，數名烏克蘭士兵掩護我們，他們在敵軍的猛烈砲擊下拚死射擊，為我們爭取時間。

但當我們撤到他們後方不到兩分鐘時，他們就全遭砲擊炸死了。俄軍數發砲擊命中那條只有半條腿深度的小壕溝。

如果不是這幾名烏軍的掩護，我們根本活不下來。

砲擊依然沒有停止，從後方打來的已經不只是俄軍的砲彈。因為我們剛才的戰鬥，烏軍的無人機發現了俄軍構築在前方隱藏的戰壕。

烏軍部隊隨即呼叫數發一五五榴彈轟炸我們剛剛交戰的位置。雙方你來我往，相互砲擊。我們只能在這荒謬的砲火中不斷向後奔跑，卻又想返回交戰區，衝上前拉回我們的隊友。

阿達還躺在那裡，雖然我已經知道他死了。我們也知道維加斯被炸死了。但是林克斯和桑拿還在那裡。卡達費很幸運地撤了出來，可是我們如果回去，不只會被俄軍炸死，甚至還可能成為烏軍的目標。

去他媽的！我們什麼都做不了，只能向後跑。

儘管烏軍的一五五榴彈精準命中俄軍的戰壕，後方的俄軍砲兵卻沒有停止射擊，並迅速轉移陣地。他們瘋狂朝我們撤退途中的森林狂轟濫炸，彷彿失心瘋，一心要炸死我們這幾個人。

頻繁地臥倒、瘋狂地奔跑，我已無法控制自己的呼吸，肺部彷彿失去理智般地抽搐。我張大嘴巴，試圖一次吸入更多空氣，勉強撐著對醫療兵說：「你跑前面！弗利和黑莓受傷了，沒武器，打不了！我殿後，掩護你們。快！快撤進森林！」

砲彈毫無規則地在周圍炸開，我根本無法判斷俄軍的砲火究竟瞄準哪裡，只能憑著記憶朝熟悉的方向撤退。我們幾乎每跑十公尺就得臥倒一次。當我再次趴倒時，抬頭一看，竟發現一名烏軍士兵倒在我面前。他的屍體蜷縮在地，鮮血四濺，染紅了周圍的泥土。

這畫面恐怖駭人。但我沒時間多想，立刻起身，繼續奔跑。當我們抵達森林時，黑莓渾身是血，他的防彈背心已被鮮血染成深紅色，彈匣上的子彈原本閃爍著金色光澤，如今卻混著血跡，變成詭異的金紅色。我立刻取下他的彈匣，感受到鮮血與泥土混合的黏稠感，然後將三個滿裝的彈匣交給醫療兵：「快擦一擦！不然等下會卡彈！」

弗利看起來十分鎮定，彷彿沒什麼問題。然而，我們依然處於敵方火砲的射程內，必須迅速深入森林尋找掩蔽。

我剛想起身前進，雙腿內側卻突然劇烈抽筋，疼痛讓我無法行走。我咬緊牙關，對醫療兵說：「現在只有你還有武器，你必須掩護受傷的隊友撤退。我得先在這裡休息一下，等腿恢復後才能繼續前進。」當時的疼痛根本無法用言語形容。

醫療兵帶著傷員迅速向森林深處跑去，而我則留在原地，內心焦急祈禱雙腿能快點恢復。整片森林只剩下我一個人，恐懼像黑暗般籠罩著我。

砲擊聲漸漸減少了，之前在那片戰場上防禦的幾名烏軍全數陣亡。我猜俄軍已經開始朝我的方向推進，但我不知道他們的速度有多快。如果我不趕快離開，很可能會被活捉。

為了能夠撤離，我丟棄背包裡的數百發子彈，減輕負重，只留下半瓶礦泉水，拖著疲憊的身體，艱難地向森林深處走去。然而，當我再次進入森林時，卻發現自己迷失了方向。

戰鬥中，我遺失了對講機和地圖，完全不知道該往哪裡走。現在，我身上只剩下一百發子彈和半瓶礦泉水。一旦與敵軍交戰，這點子彈很快就會打光，而我也沒有任何方法保護自己。該怎麼辦？

我彎著身體，在樹林間穿梭，利用樹木掩護，時不時臥倒，避免肢體暴露在敵軍的視野。我小心翼翼在這片迷失的森林裡，尋找友軍的蹤跡。

大約走了二十分鐘，我的視線出現一條長長的鐵絲網。這是我們來過的地方——一個烏軍的小據點。我放慢腳步，壓低身形，極為安靜地沿著右側的小溪向上攀爬。一方面，我擔心這裡已經被俄軍攻下；另方面，又怕被烏軍誤認為敵人，當場射殺。

當我爬到鐵絲網附近時，隱約聽到有人用英語交談。我小聲喊道：「友軍！」但沒有人回應。我又連喊了三次「友軍！」突然，一名手上纏著藍色膠帶的志願兵出現在我面前，並示意我朝他的方向爬去。

當我爬到他的位置時，看到我的醫療兵和受傷的隊友也在這裡。這名志願兵告訴我，他的任務僅限於協助撤離傷員，而我和醫療兵則必須回去搜尋其他隊友。

隨後，這名纏著藍色膠帶的志願兵帶著弗利和黑莓上了吉普車撤離。我和醫療兵商量接下來的對策。我們僅有兩個人，根本沒有與敵軍交戰的能力。因此，我簡單向醫療兵講述我在台灣陸戰隊兩棲部隊學到的偵查技巧，並告訴他：「我們只是偵查與搜索，絕不交戰。我們可以放慢速度，現在沒有人會催促我們。」

醫療兵點頭同意。

我們開始緩慢移動到交戰區後方的制高點，尋找掩護，並觀察是否有倖存的隊員撤回來。然而，不到十分鐘，俄軍開始對整片森林猛烈砲擊。砲火比之前更加密集，甚至動用了一五二自走砲。這種砲彈的威力遠超過一二〇迫擊砲，爆炸產生的震波比當初迫擊砲落在我身旁兩公尺時還要強烈。巨大的樹幹被炸斷，破片和木屑在空中飛舞，整座森林彷彿正在崩塌。

眼見形勢不妙，我和醫療兵決定放棄回到交戰區後方的計畫，改為直接從森林內部撤退。然而，隨著砲擊不斷延伸，我們不得不時刻改變行進路線。因為如果俄軍發現我們的撤退方向，很可能會在半路設伏，我們只能選擇完全陌生的小路，在這片未知的森林尋找生存的機會。

走了半小時，我們的體力幾乎耗盡。醫療兵和我翻越一個枯樹幹時，他大喊：「停下！」他說我們進入了雷區。幸運的是，那天察夫蘇雅刮著大風，一顆埋在土裡的反步兵地雷，由於風刮動，地雷的上半部微微露出地表，讓我們沒踩上去。

醫療兵問我有沒有地圖，我告訴他已經遺失了。他憤恨地說：「沒有地圖，我們就無法分辨烏軍和俄軍的雷區。現在我們根本不知道自己是否處於俄軍的雷區中，隨便亂走都可能會把腳炸斷。」因此，我們決定在原地休息。

我們趴在倒下的樹幹旁，用它當作偽裝和掩護。醫療兵警戒左前方，我則警戒右後方。我們在原地趴了數小時，終於，我看到綁著綠色識別膠帶的友軍出現。我大喊：「友軍！」此時，對面傳來熟悉的西班牙語喊聲：「潘，是你嗎？」當下，我激動得淚水不禁落下，因為那是我們受訓時期的哥倫比亞弟兄。

我和醫療兵起身向他們的位置走去，但當我剛準備跑起來時，我的大腿又開始嚴重抽筋，疼痛讓我無法繼續行走，我直接摔倒在地。此時，我決定扔掉我沉重的機槍，跟著大部隊撤離，因為我的身體已經無法承受如此沉重的武器。我當場將機槍分解，並把重要的槍機放進我的背包裡，這樣即便敵人撿到我的武器，也無法開火。

哥倫比亞的弟兄帶著我撤退到他們的戰壕中。當我進入戰壕，懸著的心頓時放下。儘管外頭時不時遭遇砲擊，但與剛才的一切相比，簡直天差地別。我接過他們遞給我的罐頭，狼吞虎嚥地吃了三包未經水煮的泡麵，還喝了兩瓶能量飲料。吃完後，我又連抽了兩根香菸。

當時的我，除了飢餓和渴，幾乎沒有任何情緒。我只知道我活了下來，感受到飲料的甜味、罐頭肉的香氣和泡麵酥脆的口感。當我抽上香菸時，我的大腦充滿了舒暢的感覺。就這樣，我在短短的一個小時抽掉半包駱駝牌香菸，當下我感覺活著真好，活得如此痛快。

緊接著，天黑了，我開始感到極度疲累。當天天氣很冷，戰壕裡沒有任何供暖設備，我能感受到刺骨的寒冷。於是，我脫下防彈背心和鋼盔，儘管全身沾滿泥土和汗水，我還是直接套上冬季外套，並把頭盔當枕頭。我找了戰壕一個角落，倒頭便睡。我只記得，我倒下後立刻睡著，夢中不知過了多久，我夢到了阿達。阿達朝著我的位置走來，並告訴我：「拜託，文揚，告訴烏克蘭人不要把我留在這個地方。」在夢裡，我不停哭泣，心痛得無法承受，因為就連在夢中，阿達都告訴我他已經死了。我不知道在夢裡哭了多久，直到換哨的隊友把我叫醒。

隔日清晨六點，我們整理好所有物品，準備撤離戰壕，回到後方的安全屋。我們用哥倫比亞弟兄的對講機聯絡後方總部，他們派車來接應我們。我們與總部的司機對錶計時，當我們抵達最後一片森林的外圍時，車輛立即來到我們的位置。

還是那位烏克蘭司機，他再次用當初的烏克蘭語大喊：「快、快、快！」因為此地滿是無人機攻擊後留下的殘骸，我們就像剛來時一樣緊張，迅速把背包和裝備扔上車，隨後上車撤離。就這樣，我們永遠離開了察夫蘇雅的那片森林。

儘管我活了下來，但一部分的我，將永遠與我的弟兄一同死在那片森林裡。

12.

安全屋

——死亡的聲音呼嘯而過

那隻胖胖的黑貓在五樓不停抓門，等著阿達來開門餵牠。

我已經幾天沒睡覺，是三天還是四天，我已記不清了。我知道自己現在安全了，儘管砲彈偶爾還會落在附近，但我已經麻痺了。如今，即使安全屋附近遭到砲擊，也沒有人能把我從床上拉下來。砲彈的爆炸聲與房屋的輕微搖晃，已經無法與我的睡眠相比。畢竟，生命如此短暫。

前線毫無寧靜可言。無論身處何地，總能聽見砲火的嗡鳴聲在周圍迴響。偶爾，俄軍的砲彈或火箭彈會命中疑似軍人駐紮的房屋或聚集地。上次我們路過一個村莊，那裡有一家商店賣菸、飲料和漢堡，許多從前線輪替回來的軍人都會去那飽餐一頓，我們也不例外。但這次，我們實在太疲憊了，只匆匆買了漢堡和飲料便回到安全屋，想要大吃一頓後好好睡一覺。

我們幫阿達買了他最愛的威仕牌香菸和檸檬飲料。幫他多帶一份的習慣，並沒有因為他的離去而改變。然而，就在我們離開後不久，俄軍發射兩枚火箭彈炸毀了那間商店。我看到兩顆巨大的黑色鉛球以不到一秒的時間砸向商店。爆炸產生的火焰直衝十層樓高，就這樣，又有四名烏克蘭平民喪生。

我的內心毫無驚恐，只覺得稀鬆平常。我知道，如果當時我們選擇內用，我們也會被炸死。現在，只要砲彈沒有落在我身邊二十公尺內，我不會感到害怕。

駕駛將我們送到安全屋時，我的烏克蘭戰友早已在外等候。他問我：「潘，你還好嗎？」

我告訴他：「阿達死了，維加斯死了，桑拿失蹤了，我們找不到他。弗利的手肘被狙擊彈擊穿，骨頭直接刺出皮膚。黑莓的嘴唇被彈片掀掉了，但沒有生命危險。撤退時，我實在無法扛動那挺機槍，所以我把它拆卸後扔在原地。去他媽的機槍，活著最重要。」

我已經認清了現實，但這個現實並沒有給我思考的依據。我的大腦彷彿停止運轉，感官也像死了一樣，就如那朵失去生命、曾經綻放美麗的花一樣垂頭喪氣。在這裡，情感在和平時期或校園中可能是很好的裝飾品，但在戰場上一點用處也沒有。阿達死了，維加斯死了，斯巴達死了，還有二十多位我們認識的哥倫比亞弟兄，他們都死了。超過十名重傷隊員被送往第聶伯羅的醫院，不是被無人機炸傷，就是踩到地雷炸斷了腳。還有一些隊友無法撤出森林，他們只能等著血流盡後死在那裡。沒有人會去救他們，這就是現實。

崩潰與眼淚需要時間的發酵，一旦爆發便無法控制。我的心像阿達的腰一樣，被砲彈炸出一個巨大的洞，無論怎麼努力都無法阻止鮮血與眼淚流出。我閉上雙眼，試圖忘掉這一切。但眼淚還是流個不停。我感覺阿達腰部的傷口就如同我內心的破洞一樣巨大。我打了許多電話給朋友與戰友。我不是想敘舊，也不是想告訴他們我一切安好，我只是想找人一起哭泣。

我知道每個人都有可能陣亡，但為什麼偏偏是阿達？阿達與我的情感羈絆遠勝於其他戰友。我眼見許多隊友的死，但唯獨阿達的離去像一把尖刀刺進我的心。

我們出生在同個國家，住在同個城市。從在台灣相識到一同進入突擊隊服役，再到他在我面前死去，我們的命運緊緊交織。在烏克蘭的每一天，我們的生活都密不可分。阿達是個社交專家，從他嘴裡什麼話都能說得出來。如果他讀過大學，我猜也能拿到辯論冠軍。他的口才足以把死的說成活的、黑的說成白的。這位經常與我家人談笑風生，幫我買香菸和零食，甚至為我煮飯的人，就像我的爸爸。

阿達身高一百八十五公分，四十四歲，身材壯碩結實。他穿著烏軍那不合亞洲人體型的迷彩服，卻依然英姿勃發。除了因為菸癮重導致跑步速度稍慢，我幾乎找不到他任何缺點。他年輕時曾是陸軍特種部隊的一員，儘管英文不好，但這從未影響他與隊友之間的默契。他總是安靜地完成所有戰術訓練，偶爾只蹦出幾個單字：「換彈匣」。正因如此，大家都叫他「沉默」。說他「沉默」是因為他不太會說英文，但若在中文世界，他的嘴巴就像播報機，可以從早講到晚，永不停歇。就算在砲擊聲中，你也能聽到他一本正經地和你說話。

我們的小小安全屋，不僅是我們的家，更是隊友情感凝聚的地方。然而短短幾天，這裡空無一人、鴉雀無聲。我看著桑拿教我的西洋棋，還有從不打敗仗的維加斯，但如今他們都不在了。維加斯被炸死了，桑拿失蹤了，沒人知道他在哪。我們猜測他可能被俄軍俘虜，但俘虜的下場會是什麼？俄軍恨透了我們，他們會放過桑拿嗎？他會遭遇什麼？我不敢多想，因為這是不容許思考的事實。我們除了祈禱別無他法。

那些由阿達飼養的貓咪又再度被遺棄了，沒錯，牠們的主人再也不會回來了。有的貓咪呆呆坐在一樓廣場，那是阿達每次買飼料時經過的地方；那隻胖胖的黑貓在五樓不停抓門，等著阿達來開門餵牠。如果這些貓咪有人性，牠們會為此流淚嗎？動物真的對人有情感嗎？阿達留下了這樣的疑問，讓我不斷觀察與思考。

我時常問神父，為什麼要讓阿達離開我們？為什麼不因他對烏克蘭百姓的善舉而給他一條活路？但每當我試圖追問，神父的眼眶泛紅，始終保持沉默。

經歷阿達的離世，我的心情已跌落谷底。然而，僅僅兩天後，我又收到亮仔陣亡的消息。亮仔之所以陣亡，是因為他希望調到我所在的二營A連突擊隊，但就在轉調前的一次步兵任務中，他不幸中彈身亡。

亮仔為了與我同單位服役，自願接受一營B連三排的步兵任務。這個小隊專門執行突擊行動，而亮仔正是這次任務的一員。他告訴我，這次任務並不危險，只需要在二線的觀測哨待幾天，監視俄軍動向罷了。等到任務結束，他就能轉調到我的小隊。

我當時沒有多想，只是囑咐他注意安全，希望任務結束後我們能團聚。然而，接下來的幾天，他徹底失聯。

亮仔的好友多日聯絡不上他，便打電話向我詢問情況。在漫長的等待後，令人崩潰的消息從他的隊友口中傳來——亮仔陣亡了。他的隊友告訴我，亮仔所在的觀測哨正是俄軍突擊隊主要進攻的方向。當時，小隊已經通知亮仔與另一名隊友撤離，但就在撤離時，他仍未能躲過俄軍的子彈。就這樣，亮仔被殺了。

我當下腦筋一片空白，只希望這消息是錯的。我希望他只是受傷，還來不及撤出交戰區。我內心充滿無數個希望，但每一次，都換來更明確的消息。我的長官走過來對我說：「潘，我很抱歉，你的朋友在前線陣亡。我很遺憾，未能及時幫他調到你的小隊，讓你們並肩作戰。」

連長的話有什麼用？阿達被砲彈炸死了，亮仔被俄軍槍殺了。人死了不可能復活，我不需要聽到這些虛偽的安慰。我只想要他們的遺體被帶回來，即使他們已經死了，我也希望他們能在棺木中安息下葬，而不是永遠停留在失蹤名單上。

長官的話已經無關緊要，因為阿達和亮仔永遠離開了我。我再也無法見到他們，再也無法聽到他們的聲音。對我而言，這場戰爭對我的傷害最深之處，就是奪走他們的生命——一個是如父親般的阿達，另一個是摯友亮仔。他們不僅是我在烏克蘭的戰友，更是我一生的家人。

這種跨越年紀、共同面對未知恐懼的情感，是一種深刻的凝聚力。我知道自己可能會在交戰中被殺死，或者被砲彈炸碎，但我只希望能與他們一同死去。在烏克蘭的這些日子，因為他們的存在，我不再讓思鄉的孤獨情緒吞噬我。如果能救他們，我願意不惜犧牲自己去這麼做。這份勇氣，因他們而存在，亦因他們的離去而消逝。

戰友之情，不分年齡。這是一種偉大的同袍之情。在這遙遠的國家，我們講著相同的語言，共享相同的文化。戰爭以非凡的方式將夥伴情誼、團結精神與彼此扶持的意志結合成為一種生活方式。大學不斷教導我們生命的意義與價值，但在察夫蘇雅的森林裡，我才認知到，生命在那一瞬間竟如此虛無。一發砲彈，一顆子彈，就能讓時間劃下句點。

幾個月前，我的知識侷限於教科書上的理論與政治議題，而如今，我的世界被死亡填滿。我現在的工作是什麼？殺人，殺死那些與我無冤無仇的俄國人。而我的工作成果又是什麼？目睹摯友被殺。

真正的戰爭，生命如此的脆弱，每一日都有鮮活的生命離你而去。

死亡的聲音呼嘯而過，只有我和弟兄們聽過。

13.

戰地悲歌

——流淌的鮮血，成了無人理解的犧牲

我信奉的思想，早已隨戰友的遺體葬於黑土之下。

其一　殺戮是我們和敵人的生存交換

曾經，我將那位滔滔不絕的說教者所傳達的一切視為真理。然而，在機關槍的掃射和榴彈砲的轟炸中，那些真理成為笑話，因為在戰場上，唯一的意識便是趴下。

如今，他們仍在課堂裡，大聲朗讀那流利的英國口音文章，以此為榮，他們的臉上會浮現得意的神情。然而，對於待過前線的我們來說，這一切毫無意義。學校不會教你如何在雨天裡，哭著點燃一根菸。

我趴在地上，目光直視前方，專注得像一名等待研究成果的科學家。我仔細聆聽，但聽到的並不是英文課堂，也不是大自然的樂章。前線的樹林，格外詭異。若聽到散落在地上樹枝斷裂的聲音，那並非是大自然的必然性，而是敵人正朝著你的位置前進。這裡沒有鳥鳴，也沒有蜜蜂。如果你聽到嗡嗚聲，那聲音來自飛行的炸彈、用來收割生命的自殺無人機。

校園中，裝扮的重要就如同我們在前線必須做的偽裝。精心裝扮，如今已成為我們生命中暫時的幻想。我們這群可憐的大男孩，已經數天沒有洗澡。如果有隻獵犬，透過牠那靈敏的嗅覺，可以從五公里外聞到我們身上可怕的味道。

漂亮的女孩，希望自己能被看見。然而，我們這群大男孩卻想要躲藏，我們不想被人知道，不想被人看到，我們想要埋藏進大地。如果大地沒有泥土厚重的重量，我們會一直躲在那裡，我們在戰場上像幽靈一樣存在，讓敵人感到害怕。

一生當中，誰最在乎我們，並且每分每秒都關注我們的動向？前方的敵人。一生當中，誰最畏懼我們的存在？前方的敵人。一生當中，誰最想奪取我們的生命？前方的敵人。一生當中，誰最難以接觸到？前方的敵人。

樹林那頭的俄軍士兵年紀應該和我差不多。我相信，他們和我一樣早已遺忘那些說教者灌輸的教導。我們手持死神的鐮刀，彼此咒罵。

只要給我們足夠的大砲，我們就可以狂轟濫炸敵人的陣地，摧毀地表的一切；我們在接近敵人戰壕時，會先向裡面扔兩顆手榴彈，再扔兩顆手榴彈以確保安全。兩次爆炸還不夠，我們需要更多密閉空間的爆炸。我們要確認，爆炸的碎片能深深扎進敵人的肉裡，讓他們疼痛、哀號，甚至死亡。接著，我們會朝每一個躲藏的洞口和轉角處連開數槍。只有這樣，我們才能取代他們。戰爭就是這樣。殘忍與殺戮是一種交換——我們交換了他們在世上的存在，或者被他們交換我們的存在。

其二　我們參與這場爭分奪秒的殺戮，意義何在？

將一批批士兵送上毫無希望的戰場，在防線後撤的同時，又派出突擊隊強攻，這樣做的意義到底是什麼？

軍隊裡充滿了欺騙、不公平與卑鄙的行徑。你永遠不會知道敵軍的具體人數與火力，當你意識到這是一個荒謬至極的謊言時，你已經深陷戰局，無法回頭。

一個個朋友在你身邊倒下，而你卻什麼也做不了。其實，從一開始我就知道自己是在謊言中生存，但我明白——這就是戰爭。

自從阿達和亮仔陣亡後，我一直在思考這個問題：我們參與這場爭分奪秒的殺戮，意義何在？

沒人定義，沒人解釋。流淌的鮮血，成了無人理解的犧牲。

在這一場戰爭當中，每一個士兵倒下，背後是無數人的哭泣。想想看，一個母親，要將她的子女養育成人需要多大的犧牲。無論是俄軍、烏軍，還是志願兵，每一個士兵背後都代表一個家庭。每一個生命的離世，對於母親來說，是多麼大的傷痛，再也看不到兒子的父親，那又是什麼感覺？戰爭當中，戰勝國不斷歌頌自己的勝利，但無論勝利或失敗，倒下的都是孩子。不論敵我雙方，失去摯愛的家庭永不在乎這種名譽。他們寧可喚回摯愛的生命。許多人好戰，許多人支持戰爭，但經歷過戰爭的我永遠反對。

夜晚來臨時，我閉上雙眼，當我在夢鄉回憶起死去的戰友，即使在夢中的我依然會流淚。如果我沒有參與戰爭，我不會對我書中描繪的故事有同理，因為我們的社會缺乏那種心靈的感觸。

其三　每具屍體、每種死法，都成為我永遠無法抹滅的記憶

生命終有結束的一天，以什麼樣的方式結束、於什麼時段結束，這是一般人關心在意的。

但看看我親愛的戰友們，他們躺在森林的土地上，成為烏克蘭黑土的一部分，四周散落的肢體，被炸斷的手臂早已焦黑，上面還清晰可見婚禮時交換的戒指，像是某種無聲的訴說。烈焰燃燒後的土壤隨風飄散，就像木屑一樣。風一刮起，這些土壤和落葉便在空中翻飛。有兩具焦屍是俄軍的坦克兵，雖然身體大致完整，但已經完全無法辨認。我該如何形容眼前的這一切？人們總是強調，任何人都是有血有肉的生命，可眼前這兩具俄軍坦克兵的屍體卻完全沒有一滴血。這是我第一次目睹一個「人」以

如此悲慘的方式死去，被烈火燒成這般模樣。

如果子彈擊中了頸部，那一定會迅速失血，並很快陷入休克。此時，唯一能做的就是用手用力按壓傷口，然後用膠帶將手與頸部固定。然而，如果子彈射穿頸部靜脈，鮮血會如噴泉般湧出，直到生命徹底消逝。

如果敵人向你的房間丟兩顆手榴彈，彈片會穿過你的眼球，從後腦飛出。在這種情況下，你可能還能短暫保持意識，但最終還是無法避免死亡。

又或者，當砲彈在你身邊炸開，你的夥伴可能會被炸得腰部出現一個大洞。當你試圖拖動他時，他的腰部肌肉在你面前撕裂，大量鮮血湧出。他或許會用最後的力氣說出一句話，隨後便徹底停止呼吸，永遠倒下。

當你踩到地雷時，你會眼睜睜看著自己的腳被炸飛到幾公尺外。此時，你無法移動，只能立刻綁上止血帶。等你找回自己的腳時，卻發現骨頭早已被炸碎，無論動什麼手術，都再也無法接回。

如果你被無人機盯上，當它在你上空百公尺處投下一枚榴彈，你甚至聽不到任何聲音。轉眼間，你的手已被炸斷。當劇痛襲來讓你崩潰時，第二枚榴彈又精準落在你身旁一公尺處，這次炸斷的是你的右腳。最終，你只能在極度痛苦的掙扎中死去。

在我參與戰爭之前，電影裡的受傷場景總讓人覺得，只要靠意志力支撐，就能繼續戰鬥。然而，現實是殘酷的。即使一顆子彈擊中你的防彈背心，也足以導致腎臟破裂和內出血。巨大的衝擊力會讓你瞬間失去戰鬥能力。如果是機關槍或狙擊槍的子彈射中防彈背心，防彈材料會瞬間破碎，彈片直接插入你的身體，讓你在痛苦中喪命。

只有經歷過戰場的人，才能真正理解這種脆弱，才真正明白什麼是殘酷。

每具屍體、每種死法，都成為我永遠無法抹滅的記憶。

其四　在戰爭中，一切價值在死亡面前都微不足道

我們的價值，只有在安逸且理性的社會中才能發揮。但在戰爭中，一切價值在死亡前都顯得微不足道。

在戰爭中，似乎在極端的環境下可以獲取經驗。然而，殘酷的現實是，許多人還未學習到任何東西，就已經死在戰火之中。砲彈不會多給你一秒反應的時間，地雷也不會刻意露出觸發引信讓你拆除。一切生存經驗，都是在偶然之中學到的。

許多人告訴我，我的經歷有著非凡的意義，能幫助那些未曾經歷戰爭的軍人或社會大眾。他們認為，透過分享我的故事，可以讓人更理解戰爭的殘酷。然而，不管我如何描述或表達，他們又怎能真正體會砲彈在腳邊炸開時的恐懼？無論我的文字多麼

靈動，也無法讓他們感受到自殺無人機從天而降時，那種深切的絕望與無助，更無法告訴別人生存的經驗和價值。

每個士兵在戰前都渴望一場英雄式的戰鬥，幻想像電影般的勝利。然而，當真正的爆炸響起，當身邊的戰友負傷、失血，甚至斷肢時，那份熱血會在瞬間被恐懼徹底吞沒。從興奮到害怕，只需要短短幾秒。戰場帶給人的，是無法預料的死亡與永無止境的崩潰感。

戰爭是一場極端的悲劇，是對人性與思想的最殘酷考驗。處於安逸環境中的我們，是否真的有能力理解極端處境下的感受？這是我始終無法解答的疑問。

其五　哀傷與驚恐，是我僅存的認知

我們都知道戰爭已經輸了，但知道了又如何？前線的戰鬥何時結束，取決於美國和俄國在談判桌上的決定。我們只是夾在那滿是鮮血與碎肉的縫隙中，苟且存活。

二〇二四年秋天的那場戰鬥，是我一生中最血腥、最艱苦的時期。

二〇二四年秋天的那場戰鬥，奪走了我一生中最重要的朋友，我心靈的支柱。

二〇二四年秋天的那場戰鬥，讓我前所未有地渴望和平，渴望回到家鄉生活。

戰爭依然持續，死亡依然持續，下一批部隊正等待投入戰鬥。

德魯日科夫卡的冷風夾雜著小雪，吹打在我的臉頰，它無聲地訴說，勸我停止戰鬥。對於前線那片黑土地，一切都足夠了——無數生命滋潤並賦予它足夠的養分。

曾經對烏克蘭的期望，隨著戰爭失利的事實被證實，熄滅了心中那把熱烈的火。

我信奉的思想，早已隨戰友的遺體葬於黑土之下。一切知識與思考，如同破碎的血肉，無論如何拼湊，都無法恢復原樣。

敵人距離一百公尺——我狂躁，又害怕，但我必須殺了他。

敵人距離二百公尺——無盡的砲擊，臥倒、趴下，稚嫩的生命倒在身旁。

敵人距離三百公尺——該死的地雷，我會不會失去雙腳？

敵人距離七百公尺——我只祈禱自殺無人機不要飛來。

敵人距離一千公尺——我總算能正常呼吸冰冷的空氣。

敵人距離三千公尺——我的雙手不再顫抖。

敵人距離一萬公尺——我的心無比傷痛，猶如被刀刺穿。

敵人距離無盡——眼淚伴隨沉重的步伐，我離開了這個國家。

隨著時光流逝，終有一日，我將失去心跳。哀傷與驚恐，是我僅存的認知。當我再次回到說教者的課堂，這些感受是否會被遺忘？

14.

最後的哀歌

——這世界，真的值得我們獻身嗎？

我與兄弟締下的誓言，是我永遠無法放下的唯一。

我們是塵世的一顆微塵，踽踽於歷史的陰影，卻在戰火燃起時選擇站在風暴的中央，因為我們聽見了呼喚——不來自神，不來自帝王，而是來自自由本身，那無形而不朽的誓言。子彈劃破夜幕，坦克碾碎大地，我們站立在瓦礫之間，如廢墟上的燭火。我們奔向前線，奔向死亡，奔向歷史的審判，讓自己的身影，刻入時代的詩篇，讓自己的信仰，成為自由的見證者。

「如果我們不在這裡，誰來證明自由仍在？」

我們的血早已滲透泥土，成為無名的養分，滋潤著這片土地，卻從未被真正記得。我們的理想在殘骸與硝煙中顯得如此荒謬。當我們深刻意識到這一切，才明白，我們所相信的「正義」早已被扭曲。當戰士的鮮血浸染大地，懦夫的嘴臉卻隱匿於陰影中冷笑，站在高牆之上，肆意批判。鋼鐵與烈火鑄造秩序，欺瞞與懦弱終將被歷史吞噬。唯有真正的戰士，才能在這片灰燼中崛起，見證最後的黎明。

「但這世界真的值得我們獻身嗎？」

或許，戰爭並非太殘酷，而是它過於不合時宜，對那些懷抱假象的安逸生活者，在廉價的道德幻象中對戰爭品頭論足者，他們可曾問過，那些在察夫蘇雅森林燃燒殆盡的戰士？那些被砲火撕裂、四肢不全的軀殼，是否比這些批判者更理解自由的真正重量？

我們戰鬥，他們批判；我們倒下，他們遺忘。他們以「和平」為名，為自己的懦弱築起銅牆鐵壁，卻從不願承認，這世界的和平，從來都是以鮮血換取的。

當硝煙籠罩，當砲火翻滾，我依舊記得他們的笑容，記得我們並肩作戰的每一刻。戰爭所帶來的，不僅是肉體的試煉，還有那份生死與共的誓言，與我的戰友一起走過的每一段旅程。我手握武器，心中仍保持理想；我披上軍裝，內心依舊是思想的信徒。我明白，這場戰爭，這份選擇，不是為了榮耀，也不是為了權力，而是為了那不朽的信念——我與兄弟締下的誓言，是我永遠無法放下的唯一。

「如果我不站在這裡，誰來為他們作證？」

附錄一

寫給死去戰友們的輓歌與誓言

致戰爭：當血流成河，誰來分贓這場殺戮？

戰場、工廠、金融交易所，
無一處不是奴役的祭壇，無一處不是權力與資本的屠宰場！
士兵不過是工人，戰場不過是工廠，死亡不過是成本，
英雄？不過是數字背後的幻影，空洞的謊言！

曾幾何時，我以為，手握槍砲便能撕裂枷鎖，

曾幾何時，我高舉旗幟，信仰黎明的到來
但當我們站在廢墟上，回望這場戰爭，
我看見的，究竟是自由的勝利，
還是另一場更深層的奴役？

火焰燃燒的地方，才是我該去的戰場
踏上這片血與火交織的土地，只為尋找真理的聲音。
當我披上戰袍，當我舉起鋼槍
我才發現，這場戰爭的本質，竟是如此荒唐。

他們告訴我，這是自由的鬥爭，是正義的征伐，
然而在屍橫遍野的塹壕中，我只聽見死神的輓歌。
我的血與汗，換來的不是勝利的光，
而是資本家的狂歡，統治者的酒杯高舉碰響。
這場戰爭，到底是誰的戰爭？

砲彈轟鳴，城市破碎，旗幟如烈焰飄揚，
但這烈焰燒的，不是敵人，而是無辜的地平線。
我的盟友，是否真的是盟友？
而那些被詛咒為敵的靈魂，是否真該被斬首？
當血流成河，誰來分贓這場殺戮？

這不僅是古老的哀歌，而是此刻戰場的詛咒之聲。

致戰友：生死之間，我們的生命與誓言

彭陳亮，你不在我眼前倒下，
然而，你為了與我並肩作戰，選擇了轉調，
那時，你對我說，你要與我共死，為我們的誓言而活，
你放棄了原本的隊伍，走向未知的戰火，
那不是為了別人，只為了與我一同，擁抱血與火的世界。

你來自中國，我來自台灣，
不同的國界，隔著無數的藩籬與仇恨，
卻有著相同的命運與對自由的追求，
你的忠誠，如一把銳利的劍，劃開了自己的未來，
也鋒利地撕裂了我心中的每一個片段。

你在轉調過程中倒下，
那一刻，我的世界，像是被炸成了碎片，
但那份誓言，那份忠誠，永遠在我心中閃耀，
它從不會熄滅，從不會消失，
我將背負這份沉重，獨自前行。

吳忠達的死，如一顆破碎的星，從我的眼前消逝，
砲火如雷，掩埋了他的一切，
我親眼目睹他倒下，那腰間的血洞
從此成為我心口的傷口，

比死亡還痛。

彭陳亮的選擇，像一把深深的刀，
刻入我的靈魂，無法釋懷，
吳忠達的死，像一個洞，撕裂我的心，
他們為我而死，為了那份誓言，
為了我們之間不滅的兄弟情誼。

憤怒與哀傷交織成我心中的牢籠，
我無法讓他們的犧牲消失在無人知曉的黑暗中。
我必須回到戰場，回到他們奮戰過的地方，
因為那是他們未完成的使命，未完成的夢想和未走完的路，
也是我必須完成的誓言和唯一的信仰，
在這烈焰中，永不改變。

致彭陳亮的父親：對不起

對不起，阿亮的爸爸，
我沒能將阿亮帶回到您身邊，
我無法回報您對他的期望，
無法履行我們之間那份簡單的誓言，他那純真的笑容和家鄉味道的水餃，
如今，像煙霧般消散，無影無蹤，
而我，站在這裡，無言以對，
只能對您低聲道歉，
只能感到無比的愧疚與悲痛。

他為了與我並肩作戰，
選擇了轉調，選擇了信任我，
他以生命擁抱了誓言，
而我，卻未能保護他，未能讓他回家，
這是我無法逃避的責任，

也是我永遠無法洗清的痛。
但請你相信，阿亮就像普羅米修斯盜竊的火種，
無論怎樣的風雨，永遠不會熄滅，
他會一直燃燒在我的心中。

我會帶著阿亮的火種，繼續走下去，
無論前方的路如何險峻，
無論生命是否脆弱，我都會走下去，
我會將他未完成的夢，帶著我們的誓言，
在這片戰場，燃燒到最後一刻。

對不起，阿亮的爸爸，
但我會讓你的兒子，在自由的路上，
永遠活著。

附錄二

潘文揚和他的戰友

潘文揚：一九九九年五月十九日出生，二〇一七年參加中華民國海軍陸戰隊。服役期間，於海軍陸戰隊九十九旅步一營步一連當步槍兵，兩次參加海軍陸戰隊兩棲偵搜大隊蛙人訓練。二〇二一年退伍。同年入學文藻外語大學國際事務學系。二〇二三年九月，第一次加入烏克蘭領土防衛國際兵團，在第四營完成新兵訓練後分配到國際兵團第一營，派駐巴赫姆特外圍村莊。不久返台繼續學業。二〇二四年四月，潘文揚在高雄結識曾服役烏克蘭武裝部隊的吳忠達，決定再去前線。同年七月，他和吳兩人再次抵達烏克蘭，八月底，同時加入第二營新組建的突擊隊A連，簽約六個月，十月前往執行察夫蘇雅前線作戰。二〇二五年二月返台，在大學繼續學業，同時治療腦震盪和聽力問題。

二〇二三年九月到二〇二四年一月，潘文揚第一次去烏克蘭戰場時的戰友：

艾瑞克（Eric）：曾為美軍陸戰隊的士官，也當過美國法警。二〇二二年俄烏戰爭初期就參加國際兵團。二〇二三年九月，潘文揚在第四營新兵訓練時，艾瑞克為國際兵團第一營布拉沃第一小隊的隊長，並短暫訓練過潘文揚。隨後前往前線。十一月，潘文揚新兵訓練結束也到了第一營。但在隔天凌晨兩點半艾瑞克的小隊在安德里夫卡執行夜間突擊任務時，艾瑞克在半路上踩到地雷，隨後被導彈擊中，當場陣亡。艾瑞克的死，對潘文揚是重大打擊，從巴赫姆特外圍村莊撤回之後，他申請解約返回台灣。

莎蒂亞（Sadia）：英國女孩，艾瑞克的女友。為了和艾瑞克在一起，她申請了十幾次加入國際兵團，最終和潘文揚一起加入第四營，同為國際兵團第十一期新兵。新兵結訓後，她加入第一營，成為男朋友艾瑞克隊伍中一員，終於和男朋友在一起。但僅一天，艾瑞克就在前線犧牲。

紐約（New York）：和潘文揚同為國際兵團第四營第十一期新兵。在新兵訓練最後一個晚上，曾救過潘文揚，逃脫了自殺無人機的轟炸。

拉格納（Ragnar）：和潘文揚同為國際兵團第四營第十一期新兵，休學參戰的大學生。他曾服役於挪威海軍陸戰隊，身高二百一十公分。他提前結束新兵訓練加入烏克蘭海軍陸戰隊，後派駐到頓內茨克作戰，但不到一個星期就在前線犧牲。

多格（Dog）：與潘文揚同為際兵團第四營第十一期新兵，德國籍志願兵，二十歲。新兵結訓後，與莎蒂亞一起加入國際兵團第一營布拉沃第一小隊。在一次突擊任務中，準備撤離戰壕時被一發迫擊砲擊中左胸，他失去呼吸前跟隊友說的最後一句話是：「我要死了。」

丹尼斯（Dennis）：與艾瑞克同為國際兵團第一營的核心人物，也同為兵團教官。十八歲就加入斯里蘭卡特種部隊，丹尼斯在斯里蘭卡特種部隊享有極高的威望，許多退役老兵響應他的號召，加入國際兵團，並被分配到他所在的C連。二〇二三年十一月丹尼斯帶著他的部隊前往安德里夫卡執行突擊任務，潘文揚則被分配到A連，在巴赫姆特外圍的村莊待命。在巴赫姆特前線的一個安全屋內，潘文揚得知他陣亡的消息。丹尼斯排上的士兵中彈，他立刻命令隊友掩護自己，跑去將受傷的士兵拖回陣地方向。他才剛跑了三十公尺，就踩到地雷，雙腿當場被炸斷。隨後自殺無人機直接撞向他。

雷普特（Raptor）：馬來西亞人，和潘文揚同為國際兵團第四營第十一期新兵，結訓後，同分到第一營A連，同在巴赫姆特外圍村莊待命。

席耶拉（Sierra）：潘文揚二〇二三年九月在國際兵團第四營受訓時認識的志願兵。潘文揚還在受訓期間得知他去世，席耶拉在前線遭到俄國風暴Z部隊突擊，抵抗兩日後，於深夜遭俄軍滲透進入戰壕被槍擊陣亡。

畢卡索（Picasso）：席耶拉的戰友，一同遭到風暴Z部隊突擊，一起防守第一道戰壕。幾次差點被炸死。在席耶拉陣亡第二天，遭到無人機襲擊，受重傷撤回後方。

二〇二四年七月至二〇二五年二月，潘文揚第二次去烏克蘭戰場結識的戰友：

吳忠達：綽號阿達，一九八〇年一月二十日出生，前中華民國陸軍特戰部隊隊員。二〇二三年，吳忠達加入烏克蘭武裝部隊，被派駐烏克蘭東部執行防禦任務。服役期間，他遭遇砲擊，右腳骨膜破裂，並因此回台休養，並在台灣結識潘文揚。二〇二四年七月，兩人一起重返烏克蘭，八月兩人一同加入烏克蘭國際兵團第二營A連突擊隊，十月開始在烏克蘭東部察夫蘇雅執行戰鬥突擊任務。在一次行動中，他們奉命突擊察夫蘇雅一帶的俄軍陣地，但在交戰途中遭遇俄軍砲擊。吳忠達在砲擊中受到重創，腰部被炸出極大的開放性傷口，隨後不幸陣亡。潘文揚在六公尺外看著吳忠達中砲倒地。

彭陳亮：綽號亮仔、阿亮，一九九四年十一月二日出生，中華人民共和國籍烏克蘭領土防衛國際兵團志願兵。據媒體稱，在其陣亡前，彭陳亮為唯一一位公開隸屬烏克蘭陣營的中國籍志願兵。彭陳亮為雲南人，曾在社交媒體X上公開表達親烏反俄、親台反共的立場，隨後遭人檢舉，被控以「尋釁滋事罪」拘留在看守所長達七個月。此事後，彭陳亮下定決心離開中國，前往烏克蘭加入烏克蘭領土防衛國際兵團。二〇二四年四月，他抵達烏克蘭後遇到困境，一名中籍人士曹子靖假稱可以協助他辦理手續，詐騙他數千美元，致使他陷入財務困難。隨後，彭陳亮得到中華民國籍的烏克蘭領土防衛國際兵團志願兵及當地居民的幫助，才逐漸度過難關。二〇二四年七月，潘文揚重返烏克蘭，去曾經的一營認識彭陳亮，成為好友。二〇二四年十月底，彭陳亮與國際兵團第一營的合約到期，受潘文揚邀請，他計畫在合約結束前申請轉至包括潘文揚、吳忠達等所在的第二營繼續服役，從無人機操作員轉為更為危險的步兵。在轉營之前，二〇二四年十月底至十一月初，彭陳亮在烏東戰場執行觀測任務，在撤退距離友軍哨點僅最後四十公尺、奔跑至門前不幸遭敵軍子彈擊中頭部，當場殞命，得年三十歲。這是他第一次執行觀測任務。

林克斯（Lynx）：德國電腦工程師，潘文揚二〇二四年七月第二次到烏克蘭戰場認識的戰友。第二營A連突擊隊戰友

佛克希（**Foxy**）：德國傘兵，身手矯健，總是以最快速度穿梭於森林。潘文揚二〇二四年七月第二次到烏克蘭戰場認識的戰友。

弗利（**Flea**）：曾服役於美國海軍陸戰隊，潘文揚二〇二四年八月簽約第二營，後參加A連突擊隊，隊長為從C連調過來的老兵弗利。

奇利（**Chili**）：潘文揚第二營A連突擊隊戰友，哥倫比亞志願兵，在試圖躲避俄軍自殺無人機攻擊時，在森林外圍被炸身亡。此次突擊隊中哥倫比亞志願兵最多，為突擊隊主力，傷亡最慘重。

武士（**Samurai**）：潘文揚第二營A連突擊隊戰友，巴西志願兵。為救回受傷的哥倫比亞志願兵，遭到自殺無人機投彈襲擊，當場犧牲。此次突擊隊共八名巴西志願兵，自願去救被圍困的哥倫比亞志願兵。

維加斯（**Vegas**）：潘文揚第二營A連突擊隊戰友，在突擊行動中被一二〇迫擊砲命中身亡。

桑拿（**Sauna**）：潘文揚第二營A連突擊隊戰友。

卡達費（**Gaddafi**）：潘文揚第二營A連突擊隊戰友。

黑莓（**Black Berry**）：潘文揚第二營A連突擊隊戰友。

編後語

世界依然沉默：從台灣志願兵看俄烏戰爭

知道潘文揚是在柴靜的頻道節目。

二〇二五年三月，柴靜頻道做了兩期有關俄烏戰爭中的中國士兵，有在俄羅斯軍隊為俄國戰鬥的中國傭兵馬卡龍，也有在烏克蘭國際兵團[1]為烏克蘭戰鬥的志願兵：

1 烏克蘭領土防衛國際兵團是一支由烏克蘭政府於二〇二二年二月二十七日創立的軍事單位（第一營），主要由外國志願者組成，旨在抵抗二〇二二年俄羅斯對烏克蘭的入侵。國際兵團除第一營外，尚有編制第二營、第三營，前三營為步兵營，第四營是新兵訓練營。潘文揚在二〇二三年十月新兵營結訓後被分配到第一營。二〇二四年七月重返烏克蘭後，直接參加第二營。

高山、「天下為公」、曾聖光、吳忠達、彭陳亮、潘文揚，還有匿名接受採訪的志願兵等。[2]

在烏克蘭國際兵團中的這些士兵，各自背景不同，甚至在政治上有著微妙的關係。然而在俄烏戰場上，他們成了一起出生入死的兄弟，死亡把他們聯繫在一起。柴靜的節目仔細還原了台灣志願軍吳忠達和中國彭陳亮陣亡的場景，他們兩人是潘文揚在國際兵團最好的朋友，在鏡頭中，潘文揚說：「我不知道怎麼去表達為什麼會這麼痛？」

鏡頭中的潘文揚，看上去非常像一位典型的台灣大學生，瘦弱、文質彬彬，若不是身上的軍裝，很難把他和士兵連結起來。實際上，潘文揚剛從俄烏戰爭前線回到台灣。這是他第二次從俄烏戰爭前線回來。

二〇二三年九月，二十四歲的台灣大學生潘文揚，從正在就讀的台灣文藻外語大學休學，跟家人謊稱去波蘭留學，獨自一人搭乘飛機前往波蘭。然後從波蘭入境烏克蘭，加入烏克蘭國際兵團。

此時，俄烏戰爭已經持續一年零七個月。

二〇二二年二月二十四日，俄羅斯發起「特別軍事行動」，從多方向入侵烏克蘭，目標包括基輔、哈爾科夫、頓巴斯和烏南地區，但遭遇烏克蘭激烈抵抗。九月三十日，俄羅斯總統普丁在莫斯科克里姆林宮舉行儀式，宣布正式吞併頓內茨克、盧甘斯克、赫爾松和扎波羅熱四個烏克蘭地區，並與四個地區的親俄領導人簽署「入俄條約」。然而，俄軍當時並未完全控制這些地區，特別是在赫爾松和頓內茨克部分地區，戰鬥仍在進行。二〇二二年九月和十一月，烏軍先後收復哈爾科夫地區、赫爾松地區，此後，烏東的頓內茨克州成為俄烏戰爭的主要戰場，戰爭主要集中在巴赫姆特、馬里烏波爾、頓內茨克、阿夫迪夫卡、馬林卡、沃爾諾瓦哈等幾座城市。

二〇二三年十一月，在新兵營訓練八個星期之後，潘文揚被派往前線。此前，俄烏雙方在巴赫姆特及阿夫迪夫卡陷入壕溝消耗戰，兩軍進展皆有限。十一月十日，潘文揚抵達巴赫姆特市附近的一個村莊，這是他第一次到前線。然而戰爭還未開始，他的戰友就紛紛倒下，尤其是他的隊長、也是他的精神偶像艾瑞克的陣亡，讓潘文揚失去勇氣。從前線撤退回後方的潘文揚，申請解除合約，隔年一月，他回到台灣。

二〇二四年七月，潘文揚和他的老鄉吳忠達再次從台灣桃園機場飛往烏克蘭，第

2 可參見《柴靜對話為俄羅斯作戰的中國僱傭兵：「我可能會在戰爭中死去，所以決定說出真實」，二〇二五年三月十五日，以及《柴靜對話為烏克蘭作戰的中國士兵：「我不是一個人戰鬥，我的心靈安置著我死去的弟兄。」》，二〇二五年三月三十日。目前兩集節目在 YouTube 皆可搜尋到。

二次加入國際兵團。十月，潘文揚和吳忠達進入察夫蘇雅戰鬥前線，地點與第一次的一樣，是烏東頓內茨克州的巴赫姆特區，不過這次不是巴赫姆特市郊的村莊，而是另一座城市察夫蘇雅市附近的森林。在這片森林中，潘文揚經歷了十八天猶如地獄般的激烈戰鬥。在察夫蘇雅森林十八天的戰鬥中，潘文揚一共失去了二十四位戰友，包括好友吳忠達。潘文揚自此覺得，自己的一部分也隨著戰友埋葬在這片森林裡。二〇二五年二月，他回到台灣，開始撰寫他在俄烏戰場上的親身經歷，也就是本書。

俄烏戰爭自二〇二二年二月爆發以來，其殘酷性在全球媒體中廣泛報導，主要聚焦於對平民的影響、基礎設施的破壞，以及系統性的人權侵犯，但是戰場到底有多殘酷呢？士兵的傷亡究竟是何種情況？似乎少有報導，當然，也難以報導。潘文揚的紀錄直接描寫了察夫蘇雅森林十八天的戰鬥，讓讀者直面俄烏戰爭的最前線，了解這場二十一世紀的戰爭是如何打的，明白為何潘文揚說這場戰鬥就像是巨大的「絞肉機」。

潘文揚到烏克蘭的時候，俄烏戰爭已經陷入僵局，雙方在烏東狹窄戰線上反覆爭奪領土。無人機、火砲、精準導彈、地雷等現代武器的廣泛使用，結合傳統步兵戰術，使得戰場死亡率極高。士兵在無掩護的戰壕或平地中極易成為目標，大部分時候見不到彼此，各種砲彈卻不斷襲來。潘文揚第二次進入前線，便是陷入了這種「絞肉機」式的戰場，高死亡率和持久的消耗，其血腥與殘酷，堪比一次大戰的壕溝戰。

二〇二三年十一月十日，接受完為期八週新兵訓練的潘文揚，隨戰友前往烏東頓內茨克州巴赫姆特前線。此前，二〇二二年五月，俄軍便開始對這個地方展開砲擊，八月一日展開強勁攻勢。經過十個月的激烈戰鬥，二〇二三年五月，俄羅斯宣稱完全控制巴赫姆特區。六月五日，烏軍在巴赫姆特區開始發動反攻，九月收復巴赫姆特市附近諸多關鍵地點，但未能完全奪回巴赫姆特市本身。俄烏雙方在巴赫姆特市附近村莊一直來回交戰。潘文揚便是此時進入戰場。

同時間，俄軍也發動大規模攻勢，攻打頓內茨克州的另一座城市阿夫迪夫卡。俄軍部署大量兵力，包括正規軍和瓦格納集團進行「殞地戰術」，試圖透過人海戰術突破烏軍防線，阿夫迪夫卡很快成了繼巴赫姆特後的另一台巨大「絞肉機」。潘文揚跟他在新兵營的許多戰友，都被派往當時最危險的地方之一巴赫姆特地區作戰，他的一位教官丹尼斯，進入巴赫姆特附近的村莊安德里夫卡不到一星期便傳來陣亡的消息。聽到這噩耗時，潘文揚正在巴赫姆特前線的一座安全屋內準備作戰。

隨後，就在這個安全屋內，潘文揚又接到隊長艾瑞克的死亡消息，接著拉格納死了。多格死了。席耶拉死了……

二〇二四年七月，潘文揚和吳忠達第二次來到烏克蘭參加國際兵團，此時，俄烏戰爭進入更加激烈的僵持狀態，雙方因高消耗的持久戰，已經元氣大傷，但戰場上的戰鬥卻更加兇猛激烈。

在繼巴赫姆特戰役（二〇二二年五月至二〇二三年五月）和阿夫迪夫卡戰役（二〇二三年十月至二〇二四年二月）之後，俄軍便將重心轉移，開始把巴赫姆特以西約十到十五公里的察夫蘇雅視為下一個目標。

二〇二四年四月四日，俄軍對察夫蘇雅發起首次直接進攻，與此同時，二〇二四年八月烏軍發動跨境攻勢，進入俄羅斯庫斯克州。庫斯克戰線的出現，牽扯了烏軍的大批兵力，這導致在烏東頓內茨克前線的戰鬥更加艱鉅。十月，俄軍突破運河防線，進入察夫蘇雅市中心，占領大部分地區。烏軍退守城市西部和南部，戰鬥持續激烈，以巷戰為主。頓內茨克州境內的三大戰場巴赫姆特、阿夫迪夫卡、察夫蘇雅都以「絞肉機」聞名。《亞洲時報》二〇二四年的報導指出，俄羅斯在烏東的攻勢每天傷亡可達一千人。因此這三個戰場讓多數士兵聞風喪膽，國際兵團裡的志願軍士兵也是談之色變。

潘文揚和吳忠達是在七月重回國際兵團，到的時候，潘文揚發現兵團已經不再像之前那樣只是輔助烏軍戰鬥，而是漸漸變成前線戰鬥的主力。此時，國際兵團的志願兵不僅要到戰場最前線，甚至還承擔最危險的突擊任務。國際兵團第一營甚至因為傷亡太重，不得不第二次解編，整個兵團只能休整放假一個月。潘文揚所在的第二營便全部改為輕步兵的突擊隊，這是俄烏戰場中最危險的兵種，俄烏雙方士兵私下都會直接稱之為「砲灰」。潘文揚正是擔負這樣的危險任務進入察夫蘇雅郊區的森林作戰。

在前往戰鬥最前線的位置的時候，潘文揚有一次發現在戰壕裡的一隊烏克蘭士兵，隊長是位稚氣未脫的大男孩，而其餘士兵差不多都年過六十歲。這兩次去烏克蘭，潘文揚不止一次發現烏克蘭士兵的厭戰情緒，甚至聽聞有的人因為多次上前線而精神失常。每一次前線傳來惡戰陣亡的消息，國際兵團就會出現退兵潮。

二〇二四年十月十三日，潘文揚進入察夫蘇雅附近森林加入戰鬥，正值烏軍在俄軍猛烈攻擊下不斷撤退。在察夫蘇雅森林裡，潘文揚和他的戰友經歷八天從突擊戰到防禦戰又變成突擊戰的戰鬥，炸彈如雨點般落在他們那一片森林，整片森林血肉橫陳。

這些步兵，頭頂上是盤旋的無人機或是自殺無人機，地上遍布各式反步兵地雷，還有隨時從天而降的砲彈。一旦被無人機發現，或是不小心踩上地雷，或是開槍，或是被熱成像捕捉到位置，馬上會被精準定位，隨之幾十顆砲彈從天而降，許多士兵被當場炸死。在這個戰場上，槍實際上已經沒有多大的作用，而作為機槍手的潘文揚，甚至更容易成為砲擊的目標，因此，潘文揚被教導，每開一槍，要趕緊變換位置，否則就會被精準定位。一旦被定位，在劫難逃。

當潘文揚走進察夫蘇雅森林，眼前的土地已經被砲彈一遍一遍轟炸過，變成黑色的，猶如地獄。在森林裡的第一次戰鬥中，潘文揚所在連的斯里蘭卡、哥倫比亞士兵幾乎全部傷亡。在森林裡第二次戰鬥中，潘文揚小隊一共九人，不小心進入死亡地帶，潘文揚親眼看到自己的好友吳忠達的腰被炸彈炸出一個洞，在他不遠處痛苦死去卻無能為力。

就這樣，在十八天兩次戰鬥中，潘文揚看到身邊的戰友一個一個倒下，一共有二十四人陣亡，十人重傷，二人截肢，一人被俘。死去的不僅是烏軍士兵，還有俄軍士兵。在察夫蘇雅森林遭遇俄軍圍剿時，潘文揚也不得不用機槍射殺一位俄羅斯士兵。對於這一切，潘文揚覺得不可思議全身顫抖，因為殺死了一位完全不認識的人。這讓潘文揚同樣感到難受。

實際上，在柴靜的俄烏訪談中，柴靜先是採訪了一位在俄軍當傭兵的中國青年馬卡龍，在節目中，馬卡龍對俄軍的敘述，比烏軍的還要糟糕。他戰鬥的地方正是潘文揚第一次去的前線巴赫姆特，因為烏軍始終不肯放棄這座城市，所以俄軍也一直鎮守在這裡，馬卡龍便在其中。在俄烏戰場上，俄羅斯軍隊採用的是人海戰術，這讓俄軍的傷亡率是烏軍的幾倍，這也讓馬卡龍意識到，自己隨時可能會死在那裡。馬卡龍想退出，誰知一去俄軍便告知合約會自動續約直到戰爭結束，馬卡龍甚至一度被俄軍關進地牢。

在森林戰鬥十八天後，潘文揚從前線退回安全屋，接著就聽到好友彭陳亮陣亡的消息。彭陳亮本是無人機操作員，為了和潘文揚一起戰鬥，他申請加入潘文揚所在的二營。但是在正式調動之前，他先前往巴赫姆特前線十幾公里外的一座小城托雷茨克，執行一次偵查任務，任務臨時延長，因人力不足、武器裝備不足，又無支援，彭陳亮陣亡。

十月二十九日，就在潘文揚在察夫蘇雅森林準備發起第二次反攻時，他發了一條訊息問候彭陳亮，沒有回訊；十一月四日下午，聽到彭陳亮陣亡的消息，潘文揚再次發了一個訊息給彭陳亮，問他消息是否屬實，「我很想你。這次，我的兄弟，永遠不會給我回訊了。」

在一個星期內，潘文揚失去他在國際兵團最好的兩位兄弟，一位會穿街走巷帶著他找好吃猶如父親一樣的吳忠達；一位是會在家包餃子請他吃飯的好兄弟彭陳亮。潘文揚感覺自己在烏克蘭的家人都走了，自己在兵團的精神支柱再次崩塌。

俄烏戰爭自從二〇二二年二月以來，到底有多少人傷亡？俄羅斯官方沒有公布任何數據，烏克蘭方面時不時公布，但普遍認為比實際數字低。

根據戰略暨國際研究中心（CSIS）的研究估算，自二〇二二年二月至二〇二五年五月，俄羅斯軍事死亡約二十五萬人，總傷亡超過九十五萬人，預計二〇二五年夏季可能達到一百萬人。BBC俄羅斯台與俄羅斯獨立媒體Mediazona的合作估算，截至二〇二五年五月，俄羅斯軍事死亡在十七萬至二十四萬六千之間，確認姓名者十一萬一千三百六十八人，總傷亡數字可能更高。戰略暨國際研究中心預估烏克蘭軍事死亡在六萬至十萬之間，總傷亡約四十萬人。烏克蘭總統澤倫斯基於二〇二五年二月更新的數據顯示，軍事死亡超過四萬六千人，受傷三十八萬人，與戰略暨國際研究中心的預估相近。聯合國人權事務高級專員辦事處（OHCHR）確認，截至二〇二五年四月三十日，烏克蘭平民死亡至少一萬三千一百三十四人，受傷三萬一千八百六十七人，但也指出實際數字可能更高，因戰爭地區難以全面統計。

隨著戰爭持續，這種高傷亡率也出現在國際兵團，造成士氣低落，志願者兵源補充不足。二〇二二年二月二十七日烏克蘭總統澤倫斯基宣布成立國際兵團時，烏克蘭官方聲稱有超過二萬名來自五十二個國家的志願者報名，《紐約時報》（二〇二三年三月）與《基輔獨立報》質疑實際人數遠低於此，預估最高約為三千至四千人，二〇二四年五月驟降至一千至二千人。許多志願者害怕自己變成「砲灰」，大幅降低前往烏克蘭戰場的意願。

然而，對於親歷戰爭的潘文揚來說，這些不是數字，而是自己的兄弟，「每具屍體、每種死法，都成為我永遠無法抹滅的記憶。」

懷著無法抹去的死亡記憶與哀傷恐懼，潘文揚二〇二五年二月回到台灣，完成了這本戰爭親歷紀錄。在生活中，他並不是一個能言善道的人，甚至有些口拙木訥，可是在他心中，有很多聲音在交織在吶喊在哭泣，他覺得不寫出這些聲音他無法平靜，一定要寫出來。他想寫下他的悲傷、恐懼、憤怒、疑惑、絕望、懷疑，以及對戰爭意義、對生命的意義、對這個世界意義的大聲質問。

在去俄烏戰場之前，潘文揚在大學上政治哲學、國際關係，課堂上那些高尚的詞彙和理論，雖然艱深難懂但他深信不疑：世界的未來就在那裡面。從俄烏戰場回到課堂後，潘文揚的思緒會不由自主飄向遙遠的烏克蘭戰場。他不知道如何對未親身經歷過戰場的同學解釋他的感受。因為正義、真理、勇敢、勝利，不再是一個個抽象的概念，而是自己朝夕相處的戰友的血肉。

當媒體在報導俄烏戰爭時，當學者在評論俄烏戰爭時，當政客在為俄烏戰爭討價還價時，當眾人在談論俄烏戰爭唱戰歌時，總是圍繞著民主與獨裁、自由與殘暴、反抗與侵略、勇敢與邪惡等抽象的詞彙，唯獨不談戰場上一個個活生生的人，一條條活生生的生命。「他們是那麼善良，那麼美好。」潘文揚說。

在亞當・霍克希爾德（Adam Hochschild）的《西班牙在我們心中：西班牙內戰中的美國人，一九三六至一九三九年》一書中，卡繆說了一句話：「我這一代人，將西班牙銘記於心，他們在那裡明白了，一個人可以是正義的，但他還是會被擊敗，武力能征服人的精神，很多時候，勇氣不會得到褒獎。」我把這句話給潘文揚看時，他驚呼，是，就是這樣。潘文揚甚至還時不時感到疑惑，不知道自己到底為誰作戰，最後又是誰在主導戰爭，最後又是誰將攫取戰爭的成果。

就在潘文揚第二次回到台灣撰寫俄烏戰爭親歷記時，二月二十八日，烏克蘭總統澤倫斯基在白宮與美國總統川普及副總統范斯會面，因為發生爭執，會談不歡而散。會談原本要討論美烏礦產協議及烏克蘭和平問題，但川普與范斯在一眾記者面前指責澤倫斯基對美國援助缺乏感恩，會談隨即被取消，澤倫斯基被要求離開白宮。此時，潘文揚曾經戰鬥過，並失去二十四位兄弟的察夫蘇雅市已經基本被俄軍占領，城市基礎建設幾乎全毀。三月八日，媒體報導，俄羅斯特種部隊利用蘇賈附近的天然氣管，突襲被烏軍占領的俄羅斯庫斯克州蘇賈鎮。烏軍在庫斯克的陣地受到嚴重威脅，部分地區被迫撤退，面臨被包圍的風險。遠在台灣的潘文揚，最後在書中忍不住質問：這世界真的值得我們獻身嗎？

這不僅是潘文揚心中的困惑，也是許多人的第一反應：為什麼好好的生活不過，去遙遠的烏克蘭參加國際兵團，去別人的戰場上白白送命？有許多媒體和朋友把潘文揚和他的戰友稱為「傭兵」，潘文揚有些憤怒，因為國際兵團裡的士兵沒有一個是為了錢而不遠千里去戰鬥的；更何況還要忍受兵團裡糟糕的飲食和住宿、前線不安全的安全屋、身邊的戰友不斷消失的痛苦。

潘文揚也沒有迴避國際兵團中的各種問題和志願者的不滿，諸如兵團內的互相傾軋、武器裝備不足、語言隔閡等等問題。實際上，國際兵團的問題也被媒體報導，如《基輔獨立報》在二〇二二至二〇二四年進行一系列調查，揭露領導層的不當行為，包括盜竊武器、性騷擾、指揮不當和派遣士兵執行高風險任務。二〇二二年八月的調查報導指出，第一營指揮官涉嫌盜竊西方提供的輕武器，並威脅士兵。二〇二四年八月的第三部分調查進一步指出，儘管問題被提交至烏克蘭國防部和總統府，但相關指揮官未被撤換，顯示改革不足。此外，《紐約時報》二〇二三年三月二十五日發表的報導〈盜用榮譽：美國在烏克蘭的志願者撒謊、浪費與爭吵〉也詳細調查了美國志願者在國際兵團及其他志願團體中的問題。

實際上，就是潘文揚所在的國際兵團第二營，此後也發生了不少問題。二〇二五年六月十八日，曾於二〇二二年九月至二〇二四年十一月期間組建並指揮烏克蘭國際兵團第二營的米羅什尼琴科上校（代號「聖誕老人」），在其個人社交媒體上發文說，他堅決不同意現任兵團指揮官亞基莫維奇在公開採訪中發表的一些言論，指責後者傳播了一系列不實陳述。「亞基莫維奇在採訪中聲稱察夫蘇雅進攻中無任何損失，這是謊言。二〇二四年十月，我們損失了二十多人，包括陣亡和受傷，其中部分傷員未能從戰場撤離。無線電中傳來戰士們在開闊地帶緩慢死去的求救聲。」「指揮官在部隊抵達任務區第三天就投入戰鬥，缺乏充分的偵察、通訊、火力支援或後勤。這一決定導致災難性後果，隨後被掩蓋。」此外，米羅什尼琴科上校還指出，烏克蘭一些媒體和記者有意無意傳播了謊言。米羅什尼琴科上校所說的這場戰事，正是潘文揚在察夫蘇雅郊區森林經歷的那場戰鬥，吳忠達正是死於該場戰事中。據潘文揚說，二營死了二十四人，幾乎占三分之一，還有十人重傷，傷亡率幾乎達到百分之五十。

潘文揚和他的戰友並不是沒有意識到這些問題，他們也意識到危險，害怕被送上「絞肉機」戰場。二〇二四年九月，當潘文揚和吳忠達第二次參加國際兵團第二營時，這個本來相對比較安全的營，卻被改為突擊營，執行最危險的任務。潘文揚的戰友也試圖想辦法調去別的營，在嘗試數次之後無果，才帶著幾分無奈簽下合約。

但既然知道這麼危險，為什麼潘文揚和他的戰友依然會來到烏克蘭、為烏克蘭戰鬥呢？

在潘文揚的隊長、美國人艾瑞克看來，那是為了自由民主的信念而戰；在潘文揚的好友、中國的彭陳亮看來，熱愛自由追求自由不只是言語，更是行動；「天下為公」則是在電視中看到烏克蘭基輔的一家兒童腫瘤醫院被炸、許多孩子和護士死去而來到烏克蘭戰場。而對潘文揚來說，一切源自自己的天性和對英雄的崇拜；到了國際兵團後，深受精神偶像艾瑞克的影響，他才明白什麼是為信念、為理想而戰。然而，隨著艾瑞克、吳忠達、彭陳亮以及戰友們永遠留在烏克蘭那片黑土地上，潘文揚知道，自己從此也和這片土地分不開了，他要為他的兄弟而戰。

二〇二五年四月底，潘文揚第三次前往烏克蘭，因為他要為他的兄弟戰鬥到底，他是這麼想的，也是這麼做的。「因為他們很善良。」沒有英雄主義，也沒有理想主義。在吳忠達和彭陳亮陣亡消息傳出後，網路上傳出他倆的照片，他們兩人都有一張懷抱戰爭流浪貓的照片，眼裡滿是溫暖。

五月底，潘文揚從烏克蘭打電話告訴我，他這次加入的不是國際兵團，而是烏克蘭的正規軍空降部隊，再過兩天就要上前線了，但因為是軍事機密，他沒有告訴我這次他去哪裡。兩三天後我看到新聞：六月二日，俄羅斯與烏克蘭在土耳其伊斯坦堡舉行第二輪直接和平談判，會議僅持續約一小時，未達成停火協議，和平似乎依然遙遙無期。在和談前一天，六月一日，烏克蘭發動了代號「蜘蛛網」的大規模無人機攻擊，針對俄羅斯境內五個空軍基地出動一百一十七架FPV無人機對俄軍空軍基地進行轟炸。這是戰爭中烏克蘭對俄羅斯空軍基地最大規模的無人機攻擊，俄軍遭受嚴重損失，隨後揚言採取報復行動。我不清楚潘文揚是不是在其中參與戰鬥，他是否安全，他是否又不得不親眼目睹自己的兄弟倒在面前，是不是要再次經歷無數的死亡，烏軍的、俄軍的，以及無辜平民的死亡？

而此時的世界似乎已經不再為澤倫斯基白宮受辱而感到憤怒，甚至很多人都沒有留意到六月一日的戰鬥和六月二日的和談失敗，因為世界有了新的熱點：有一位中國女生在哈佛畢業典禮上說：「如果一個小男孩死於一場他從未發動也從未理解的戰爭，我的一部分也和他一起死去。」

這句話潘文揚也說過，他說他的一部分和他死去的兄弟，永遠留在了察夫蘇雅的森林裡。

這是這個世界最諷刺的地方：當全世界都在嘲笑哈佛女生的虛偽表演時，似乎都忘了成千上萬的男孩已經死在俄烏戰場上，還有成千上萬的男孩將死在俄烏戰場上。

就在這篇編後記完稿時，俄羅斯的報復行動已經開始，二〇二五年六月五日至七日，澤倫斯基在社群媒體X上發布文章，詳述了俄羅斯對烏克蘭各地發動的無情無人機和導彈襲擊。這起攻擊造成平民死亡，包括一名救援人員的家人，數十人受傷，並瞄準了毫無軍事價值的城市。澤倫斯基稱之為恐怖主義，呼籲全球施壓，迫使俄羅斯走向和平，並警告不作為是共犯。X上，澤倫斯基不斷報告烏克蘭的狀況，而世界依然沉默。

五月十五日，因在YouTube上觸及政治、歷史等敏感議題，柴靜十二年前在中國大陸出版的《看見》一書遭下架。六月九日，柴靜在其最新影片《柴靜回應「看見」被禁：真實自有萬鈞之力》中說：「那一年教我，不管外界鑼鼓多麼喧鬧，我不唱讚歌。也不唱戰歌，真正的歌者唱出人心底的沉默。」柴靜說的「那一年」，指的是二〇〇三年，她報導北京「非典」（SARS）疫情那一年，那一年開始柴靜把鏡頭對準了疫情中沉默的大多數，做自己想做的選題。

一九五五年，在集中營獲救之後沉默整整十年的猶太男孩維瑟爾寫下著名的《夜》，其實，起初這本書的書名叫「而世界依然沉默」。這位後來的諾貝爾和平獎得主終其一生都在質問世界一個問題：為什麼人類會容忍這樣不可想像的罪行？為什麼世界會沉默？

本篇後記標題借用維瑟爾的書名，希望讀者能看到俄烏戰場上沉默的大多數人和世界上大多數人的沉默。

八旗國際25

生死之旅：台灣志願兵潘文揚親歷的俄烏戰爭

作　　者　潘文揚
編　　輯　羅四鴒、邱建智
校　　對　魏秋綢
排　　版　張彩梅
封面設計　陳恩安

副總編輯　邱建智
行銷總監　蔡慧華
出　　版　八旗文化／左岸文化事業有限公司
發　　行　遠足文化事業股份有限公司（讀書共和國出版集團）
地　　址　新北市新店區民權路108-3號8樓
電　　話　02-22181417
傳　　真　02-22188057
客服專線　0800-221029
信　　箱　gusa0601@gmail.com
Facebook　facebook.com/gusapublishing
Blog　gusapublishing.blogspot.com
法律顧問　華洋法律事務所／蘇文生律師

印刷　中原造像股份有限公司
定價　480元
初版一刷　2025年9月
ISBN　978-626-7509-62-3（紙本）、978-626-7509-61-6（PDF）、978-626-7509-60-9（EPUB）

本書由波士頓書評（Boston Review of Books）與八旗文化合作企劃、出版。

國家圖書館出版品預行編目（CIP）資料

生死之旅：台灣志願兵潘文揚親歷的俄烏戰爭／潘文揚著. -- 初版. -- 新北市：八旗文化, 左岸文化事業有限公司出版：遠足文化事業股份有限公司發行, 2025.09
面；　公分. --（八旗國際；25）
ISBN 978-626-7509-62-3（平裝）

1. CST: 潘文揚　2.CST: 回憶錄　3.CST: 俄烏戰爭

783.3886　　114009527